JN255908

「7つのムダ」排除 次なる一手

IoTを上手に使ってカイゼン指南

山田浩貢 著

日刊工業新聞社

はじめに

　製造現場では、「海外展開の推進」「国内労働力の減少」「コスト競争力の強化」への対応が迫られる中、短期間に品質基準をクリアできる生産体制の構築と、その拡大が求められています。その要求において、「各国の顧客嗜好に合わせた仕様の増大」や「打ち切り期間の延長」による多品種少量化が進展しています。

　一方、海外展開を推進するには多国籍の人材の活用が必須となりますが、そうした人材を教育する時間も限られます。従来の人間力に頼った業務改善手法としての「後補充」「自働化」「ポカヨケ」などでは、現場改善活動が進まなくなってきているのが実状です。このため、最新技術による便利なツールを活用し、短期間の人材教育で生産ができるように現場のモノづくりをレベルアップしていく必要があります。

　本書では、現場改善活動に対しIoTの最新技術を活用することで、トヨタのカイゼン活動の根幹をなすと言われる「7つのムダ」を排除する取り組みの観点から、具体的な対処方法を解説します。本書では特に、次の点について考慮しています。

　①IoT活用による「デジタルからくり」「データ解析と対処ナビ」「設備のインテリジェント化」などの最新技術を取り入れる

　②ムダの排除を行う一方で「品質向上＋品質保証強化」を考慮する

　適用範囲としては既存工場での生産活動における活用を中心に、新設工場／ライン追加、海外拠点にも横展開していけるように考えております。

　本書は、製造業の作業者を直接管理している現場管理監督者（工長・職長）の方に、理解していただけるように配慮してまとめたものです。なるべく現場で実践されているモノづくりの視点に立ち、現場の課題に対してムダを排除するためにIoTなどの最新技術をどのように利用していくとよいか、手順やポイントについて具体的な解説を心がけました。

　現場カイゼンは定量的な効果を前提とした取り組みとなるため、カイゼン効果については省人化や生産性向上など定量的な観点で、説明を加えるように意

識しました。その上で、品質強化や技術伝承など製造業のトレンドに合わせた定性的な効果についても明確にしています。

このほか、単なるIoTのツール活用の紹介にならないように、現場管理として常識と思われていることでも、さらにモノづくりが良くなる考え方について、各製造業で工夫している点についても詳述するようにしました。

ぜひ、本書を通じて製造現場にITやIoTを浸透させ、現場のムダを排除して、現場作業に従事するみなさんが活気づく製造現場の進化形に少しでも貢献できることを願っています。

最後に、本書を執筆する機会を与えてくださった日刊工業新聞社の矢島俊克氏、起業時から立ち上げ支援や本書の執筆のアドバイスをいただいた中野喜之氏、日頃から指導をしてくださる坂東隆三氏に心から感謝申し上げます。

2017年10月

山田　浩貢

```
┌─────────────────────────────────────┐
│                                       │
│  「7つのムダ」排除 次なる一手           │
│   IoTを上手に使ってカイゼン指南        │
│       目 次                          │
│                                       │
└─────────────────────────────────────┘
```

第2章 まずは現状を正しく把握する

第3章 在庫を削減する
(つくりすぎのムダ、在庫のムダ)

第4章 生産性・可動率を上げる
（運搬・手待ちのムダ）

第5章 品質向上＋品質強化
（不良・加工そのもののムダ）

第6章 **付加価値向上を追求する**
（動作のムダ）

第7章 **7つのムダ排除の総仕上げ**

第 1 章

「7つのムダ」排除は本当にできているのか?

1.1 ムダ排除は本当にできているか?

　製造業の方と話をすると、必ず「7つのムダを排除せよ」という言葉が聞こえてきます。しかし現場に行くと、倉庫の中に山のように積んであって量がまったく予測できない在庫や工程脇に金型・治具が場所を陣取り、台車に部品を積んで何百mも先の工程に運ぶといった信じられない光景を目の当たりにします。

　現場の方に聞くと、「取引先から一律3日分の在庫を持つように言われているから」「金型が大きいので運ぶのに手間がかかるから」「工場の敷地に制約があってどうしてもこんな運搬しかできない」という声が返ってきます。すべて外部要因による制約だから仕方がない、という言い分なのです。

　ムダ排除活動はこれまで製造部門に「お任せ」という印象も強くあります。試作段階から量産段階に移行すると、生産技術から製造部門に管理が引き渡されます。量産になると、目まぐるしいスピードで良品を顧客に送り出さなければなりません。その対応に日々追われ、ムダ排除に取り組む意識があっても現実は取り組めていないように感じます。

　カイゼン推進部門を持っている企業では、定例化した指導会を実施し、そのときの対象工程は一時的にカイゼン指導員が徹底的にムダ排除を指導しますが、定例会が終わると現場のカイゼン意識も日が経つにつれて元に戻ります。ムダ排除が一時のイベントと化しているだけで、徹底してムダ排除を行っている現場は意外と少ないのではないでしょうか?

▶ ムダ排除は意識の高い現場でしか成り立たない?

　ムダの排除が徹底できていないのは、具体的なやり方がわからないためです。

　今までのやり方は精神論で、工場長が「まずは2Sを徹底しろ」「4Sに取り組め」「意識を高めて5Sをやるぞ」といった感じで展開されます。熟練した工場長は、問題があると「あれをしろ! これをしろ!」と具体的に指示します。その指導はさすがと言われるように神がかっています。しかし、今の現場にはそのような熟練管理者は減ってきています。

8

できない理由が他責になっていないか？

取引先から一律3日分の在庫を持つように言われているから

金型が大きいので運ぶのに手間がかかる

工場の敷地に制約があり、運搬経路が長いのは仕方がない

引き継ぎに無理はないか？

量産引き継ぎ

明日から量産開始あとはよろしく！

生産技術

え？　まだ生産安定しないよ〜！

製造

技術の進化に伴いIoTを活用することで、ムダの見える化や排除するポイントの明確化が迅速に行えるようになってきました。今だからこそ、精神論でなく現場に優しいIoT道具の活用により、徹底したムダの排除ができる環境になってきたのです。

▶ ムダ排除の目的は「V（Value）P（Price）T（Timing）の実現」

　ムダ排除の目的は、「顧客の欲しいタイミングで、付加価値の高い商品を適正価格で提供すること」です。今までは「顧客の納期までに、当たり前と言われる高品質のモノを、低コストで提供する」ことで「QCD」と言われていました。

　今は世の中にモノがあふれています。そのためにはさらに切磋琢磨して現場カイゼンを行い、「V（Value）付加価値」「P（Price）適正価格」「T（Timing）タイミング」を重視したモノづくりが求められています。

　ここで「V（Value）付加価値」は他社よりも品質が優れている、サービスが優れているものを表します。「P（Price）適正価格」は良いモノを無理にコストダウンせず、顧客が欲しいと思える価格で提供することです。また「T（Timing）タイミング」は、欲しいときに待たなくてもすぐに手に入るように提供することとなります。

　例えば高級な日本酒は、高い品質であれば値段が高くても、どんどん売れます。しかも、年に1回程度しか仕込みができなかった制約を改善して、何回も仕込みができるようにすることで品切れを防ぎ、顧客の欲しいときに継続して供給できるように工夫しています。まさにVPTを実現しているわけです。

　誤解をしないでいただきたいのは、いくら品質を追求するといってもブランド商品のことを目指せと言っているわけではないことです。VPTを実現した結果、ブランド価値が出てくることにつながるため、ブランドはVPTの延長線上に位置づけられます。

カイゼンがイベント化していないか？

指導会中

みんなでカイゼンするのだ〜！

指導会後

今回はきつかったなぁ〜

ムダ排除の目的

Quality	品質
Cost	コスト
Delivery	納期

Value	付加価値
Price	適正価格
Timing	タイミング

ムダ排除の目的は顧客の欲しいタイミングで
付加価値の高い商品を適正価格で提供すること

1.2 | 労働力の減少と海外展開の拡大は今後も続く

　今の日本の製造業が高品質のモノを世界中に供給できるようになったのは、紛れもなく団塊の世代を中心とした先輩方の努力の賜物です。しかし、その方々がどんどん製造現場を卒業しています。日本の製造業を支えた先輩方はモノづくりのDNAが体に染みついているため、「なんかおかしいな…」と思うとすぐに対処して強い現場を維持してきました。

▶ 労働力の減少は今後も深刻化する

　例えば設備において「いつもと音がおかしい？」となると、闇雲に部品を交換する前に潤滑油の入れ替えを行って対応するなど、その意思決定方法はマニュアル化が難しく、過去の経験則から最適な解決の近道を判断しています。これはある意味、棋士が膨大な手数の中から経験による最適解を瞬時に判断することに似ています。

　そんな達人のノウハウを引き継ごうにも、一朝一夕にはできません。通常業務については引き継げても、イレギュラーな突発業務に対する引き継ぎができず、変化に弱い現場になっていると感じます。

▶ 海外展開も技術伝承を困難にしている

　そのようなこととは関係なく、製造業は海外へ事業を拡大しています。一例としてベトナムの製造現場に行くと、まず1週間の現場教育を行います。やることは「1日中立ちながら作業をすることに慣れる」です。

　日本では年末になると、アルバイトでクリスマスケーキに苺を乗せる作業をしています。その人たちに1週間まず立ちながら仕事をする教育をする、というようなことはまずありません。日本ではアルバイトでできることが、他の国では当たり前には行かないのです。

　海外展開をするとなると、外国人による労働力の確保が必要です。すでに説明した通り、日本の熟練管理者や熟練工のノウハウの引き継ぎが難しい状況化にあるにもかかわらず、商慣習や文化の違う外国人に、日本のモノづくりのレベルを確保して横展開していく必要があります。

製造業の課題と解決テーマ

要求	課題	解決テーマ
国内生産基盤の確保	生産ラインの人と機械の最適調和	最先端設備（ロボットなど）導入
	顧客の多様なニーズに対する短納期対応	効率的物流含めた全体業務プロセス構築
モジュール化の進展	車種の多様化とコスト低減の両立	共通部品の適正在庫の確保
	電子部品比率の高まり対応	品質保証による製品開発
デジタル・モノづくり	試作期間の短縮（プロセス革新）	オンリーワン技術の確保
	複雑な造形物の作成（プロダクト革新）	3Dプリンターの導入
世代交代における適正人材の育成	生産技術（ライン設計エンジニア）	高齢者採用による技術伝承
	海外展開、M＆A対応など企業価値向上につなげるマネジメント人材	設備、金型の予防保全
さらなる原価低減の要求	品質向上	業務標準書の整備と推進
	業務標準化、効率化	継続的なIT化推進体制の確立

▶ 技術伝承のために今、求められること

　今求められるのは、熟練管理者、熟練工の暗黙知をできる限り形式知に変えることです。そのポイントについて、私は「匠の加工、検査技術」「季節変動の良品製造条件」「設備保全のスキル」を挙げます。

　「匠の加工、検査技術」とは、人による高度な技術のことです。例としてはコンマ何mmの精度まで削る切削技術や、手で触って塗装のキズやムラを瞬時に判断する検査技術などが当てはまります。実際に、塗装工程であれば熟練工の動作は実にスムーズで、2、3回往復する動作でムラや塗装漏れがない作業をします。ところが海外で作業を行うと、その倍以上の動作をしないと品質を確保できないというほど違いがあります。

　「季節変動の良品製造条件」とは、夏と冬で温度や湿度の条件が異なることが背景にあります。その環境下で熟練工の人は温度・湿度・素材の投入量などを上手く調整し、良品の製造を継続する工夫をしています。これは長年にわたり、不良が多数できてしまった際に工夫や改善を積み重ねた経験からなるものです。

　素材加工の工程は、ある程度温度が一定でないと良品を確保できないことが多いです。冬場は素材が低温で硬化したり、加工時も温度が高くならないことが多く、初期稼働時には良品が安定するまで時間を要したり、不良がいったん出ると品質が安定しないことがあります。材料タンクを設備の近くにしばらく置いて使用するなどの工夫を重ね、安定した良品を製造しています。

　「設備保全のスキル」とは設備から異音がしたり、いつもより振動が大きいという異常を敏感に感じ取り、予備品の交換や潤滑油の入れ替えなどを行うことで故障発生の予防をしたり、発生した原因を特定してすぐに復旧するスキルのことです。IoTを活用することである程度までは効率化はできますが、高度な部分については人に依存しています。今ならまだ間に合いますので、暗黙知を形式知化してしっかり伝承する体制をすぐ確保すべきと感じます。具体的には良い人財を製造現場につけて育てることです。

技術伝承に必要な3要素

1. 匠の加工、検査技術

コンマ何mmの精度まで削る切削技術や、
手で触って塗装のキズやムラを瞬時に
判断する検査技術など人による高度な技術

2. 季節変動の良品製造条件

季節変動の環境下で製造条件（温度、
湿度、素材の投入量など）を上手く調整
して良品の製造を継続するスキル

3. 設備保全のスキル

異常を敏感に感じ取り保全を行い
故障発生の予防をしたり、発生した原因
を特定してすぐに復旧するスキル

IoT活用である程度までは効率化が図れるが、
良い人財を製造現場につけて育てることが重要

1.3 報告上の生産効率と在庫は正しいのか?

海外の製造現場に行って、「製品在庫は何日持っていますか?」と聞くと、一様に「3日分」との答えが返ってきます。通常、毎日流れるモノとたまにしか流れないモノとの比率を見ると、多くても毎日流れるモノは全体の半分以下の品種となります。

▶ その在庫は適正か?

ほとんど流れないモノまで3日分の在庫を持つとは、どうやって計算しているのか疑問になります。よくよく聞いてみると、少量品についてはどこまで在庫を保有してよいか理解できていないことが多いのです。また、部品や原材料の在庫がどれだけか聞くと、「ここには1週間分あります」と返ってきます。「ここには」というのがミソで、さらに聞くと外部倉庫にその倍以上の在庫を仕入先に確保してもらっているそうです。こうしたことは多々あります。

理由としては日本と中国、日本とタイというような海外物流が中心となるため、リードタイムが長くなることが挙げられます。サプライチェーン（顧客、自社、仕入先の経路）を意識して在庫を減らすのではなく、仕入先に在庫確保のリスクを転嫁していることが多いのが理由です。

▶ その運搬経路は最適か?

日本の現場で最近よく聞くのは、新規モデルの立ち上げや他工場・仕入先からの移管などにより増産になるとスペースの限られた現場で製造しなければならず、部品や製品を置く場所がとれないことから、長い経路でモノを運んでいます。現場の人は日々の生産に追われていることで、気づいていないのかも知れませんが、モノを生産しているラインよりも部品・仕掛在庫や金型に代表される治工具の置き場の占有面積が圧倒的に大きいことが多いのです。

レイアウト変更の際に、在庫や金型、治工具のスペースも含めて確保できるか、運搬ルートが最適かのシミュレーションが不足していることが原因として挙げられます。

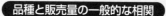

品種と販売量の一般的な相関

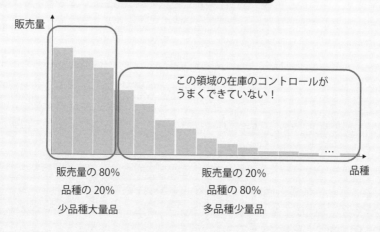

販売量

この領域の在庫のコントロールが
うまくできていない！

品種

販売量の80%
品種の20%
少品種大量品

販売量の20%
品種の80%
多品種少量品

現場レイアウトイメージ

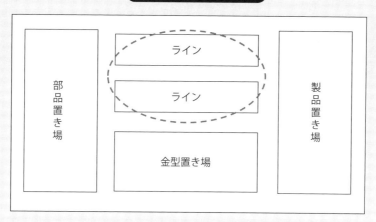

部品置き場

ライン

ライン

金型置き場

製品置き場

工場のスペースに対して、加工しているスペースよりモノの置き場面積の方が大きい

▶ 生産効率の向上

　設備中心の工程（プレス、塗装、成形など）では、ある程度まとめてつくる必要がある中で、品揃えを良くする工夫が求められます。段取り替えを行うたびに歩留り（原料の投入量から良品の生産量の割合）が悪くなる特性があり、熟練管理者が生産順序を常に工夫していますが、前項の技術承継の問題により生産変更に対して柔軟な対応が難しくなっています。

　日々の生産では計画時点よりたくさん売れた、あるいは売れなかったモノが当然出てくるため、工程内の生産進度を見ながら売れすぎたモノの補充が追いつかなければ、タイミングを遅らせるように顧客と調整する機能が重要です。このような調整は、顧客と信頼関係が構築できている熟練管理者でなければ上手く解決できません。

▶ 生産効率と在庫適正化のために今、求められること

　トヨタ生産方式は、かんばんによる後補充生産を土台に成立していますが、海外生産については遠隔地では後補充は成り立たないとの固定観念から、不思議とほとんど実施されていません。

　デジタル家電のように数カ月サイクルで販売量を決めて製品切替を行うほどのライフサイクルの短い商品以外は、数年間や10年以上同じモノをつくることが多いはずです。生産は、売れた分だけ補充するのが一番ロスが少なくなります。よく流れる半分の品種の生産効率化に着手する以上に、残り半分の少量品の生産をいかに効率良くするかを真剣に考えて取り組むべきと私は考えます。

　そのために売れたらつくる後補充生産を応用すると、生産効率をそれほど落とさずに驚くほど在庫が減る効果が得られます。ぜひ、後補充生産に代表される日本発の高レベルな管理手法を、もう一度見直して取り組んでほしいものです。

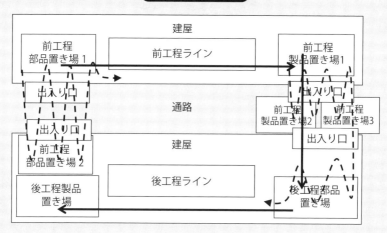

運搬経路が複雑化

置き場が足りなくなって、空いている場所に置くため、
運搬経路が複雑になっていないか？

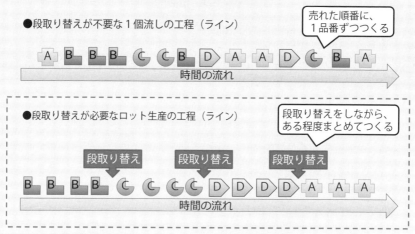

ロット生産の工程

●段取り替えが不要な1個流しの工程（ライン）

売れた順番に、
1品番ずつつくる

A B B B C C B D A A D C B A

時間の流れ

●段取り替えが必要なロット生産の工程（ライン）

段取り替えをしながら、
ある程度まとめてつくる

段取り替え　　段取り替え　　段取り替え

B B B B C C C C D D D D A A A

時間の流れ

プレス工程や樹脂成形工程のように、製品の生産に当たり金型交換などの段取り
替え作業が発生する工程では、ある程度まとめてつくるロット生産を行っている

コスト競争力を強化するとは?

これまで製造業はより安い人件費を求め、海外生産比率を拡大してきました。そのツケが回り、海外人件費の高騰でより安い人件費を求めた生産地変更を、定期的に検討せざるを得なくなりました。

▶ 原価管理は難しい?

製造業の経営者と話をしていると、「当社は今月どれだけ儲かったのか、何で採算が取れて何で採算が取れていないのかよくわからない」という言葉が頻繁に出てきます。多品種の商品の原価を製品別にとらえることがもともと難しい上に、売れ行きが景気に左右されるため、タイムリーに利益の源泉が何かを把握するのに四苦八苦している模様です。

▶ そもそも原価管理が難しいのはなぜか?

〈情報収集がネック〉

実績の原価を算出するには、現場での生産活動に関わる情報を収集する必要があります。現場発生時点の情報を人手を介さずにすべて自動で収集することは不可能なため、何かしら人手を介して情報収集しなければなりません。これらをタイムリーに収集することの必要性が現場に理解されず、定着しないことが少なからずあります。

〈本当の利益管理に必要な計算式が不明確〉

モノを生産した際に、同じ生産設備で日ごとに同じ時間稼働したのであれば、同じ加工費になるはずです。しかし、財務諸表上では直近は高く、時間が経つと安く計算します。財務会計と管理会計の数字が異なる傾向にあり、算出根拠を明確にすることが管理上難しいポイントです。

〈アウトプットが現場に理解できない〉

原価を算出した後で、現場に原価を提示して原価低減を促します。しかし、現場は原価だけを提示されても、何をしたらよいかわからないというのが実態です。

原価管理は難しい？

国内少子高齢化、海外人件費の高騰により設備による自働化が推進される中で、製品別、部品別の採算管理が難しくなってきている

主な課題

ロボットや搬送作業などの自動化が推進しており、どんどん設備投資の割合が大きくなる

今月当社はどれだけ儲かったのか、何で採算が取れて何で採算が取れていないのかよくわからない

材料は車種別に把握できるが、設備や人で加工したコストは商品別（車種別）に把握が難しい

プラットフォーム化で製品主体の生産から部品主体の生産に変わっていく

生産設備の減価償却費は定率計算でよいか？

原価管理上の課題

情報収集

現場発生時点の情報を人手を介して情報収集を行う必要があるが、タイムリーに収集することの必要性が現場に理解されず、定着しない

計算

設備の加工費や部品供給といった間接作業費など、自社に最適な原価計算の計算式を考える必要があるが、そのための財務管理とモノづくりの有識者による体制づくりがネックとなる

活用

現場に原価を提示して原価低減を促すが、現場は原価だけを提示されても何をしたらよいかわからない

▶ 世の中の流れと求められる管理

　さらに、世の中の流れは次のように変化しています。

〈国内の少子高齢化による自動化の推進〉

　生産の担い手が減ることにより、ロボットや搬送作業などの自動化が推進し、設備投資の割合がどんどん大きくなります。人件費は変動費として管理しているため、事業や製品に直課しやすい反面、設備投資は償却費として固定費で管理され、事業や製品に直課しにくいためコストをとらえるには別に管理する必要が出てきます。自動化を推進すると、事業や製品単位にコストを精緻にとらえるのが難しくなるのです。

〈プラットフォーム化による共通部品比率の拡大〉

　プラットフォーム化により、同じ部品を多種の製品に広げています。そうなるとレゴブロックの組合せのように、共通部品から複数の異なる製品が生産されることになります。今までは製品ごとにラインを分けるなど、製品ごとに生産をする傾向にありましたが、今後は部品ごとに生産をする傾向に変わります。そうなると、利益率の高い部品により製品の採算が変わってくるため、製品ごとの原価よりも部品ごとの原価管理の重要性が高くなります。

　さらに原材料は中国からタイへ運んで加工し、それを日本に持ってきて組立するというグローバルでのサプライチェーンが主流になっています。そうすると、原材料から製品ができるまでの原価の把握も、採算性を確認する上で重要になってきます。

　このように部品中心生産やサプライチェーンを横断した生産が主流となり、中核部品の利益管理や中核部品を含んだ製品コスト構造の管理をするとなると自社、子会社・関係会社、仕入先まで含めた内部コスト管理を強化することが問われます。海外の生産コストの把握だけでも大変な上、サプライチェーンを横断すると品番コードを統一したり、原価の費目を統一したりする物差しの標準化が前提となり、全社の組織を横断した取り組みが欠かせません。

原価管理のポイント

将来的には人作業を自動化することによる生産性の比較に活用する

例）検査工程を画像検査に変更

　　○製造工程に画像検査システムを導入し、償却費増加
　　○特別検査工程要員の削減
　　○検査工程の精度向上により、後工程での不良率が減少

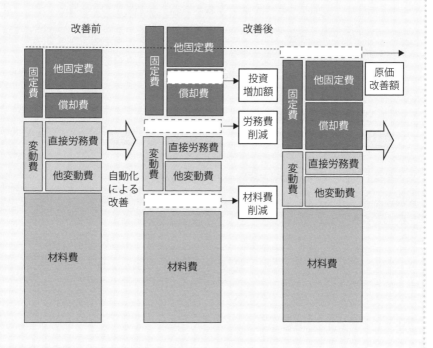

1.5 市場クレームを撲滅するには？

　製品設計→工程設計→量産移管まで品質をつくり込む過程や、製造時の検査など品質管理の方法は、属人的なやり方が長年変わっていません。品質保証に対する考え方も、世代交代で十分に引き継がれていないようです。

▶ 品質保証における検査上の課題

　検査に対してですが、外観検査は全品検査を行っていますが、目視による人でのチェックが主流です。したがって、後工程に不良が混入すると複数の人によるダブルチェックやトリプルチェックを行い、人に頼る方法が中心となっているのが実情です。また検査のすべてが全品検査ではなく、寸法計測などは抜き取り検査が一般的です。あるべき姿は全品検査ですが、人による計測となるため、作業が追いつかない状況です。

▶ 新製品立ち上げ時の課題

　品質は製品設計、工程設計を経て、それぞれの製品や部品に対する品質特性（強度、寸法など）と、どの工程でその特性を確保するかをつくり込みます。その結果、QC工程表という書式で製造現場に移管して、具体的な作業を作業要領書としてまとめて現場作業者に渡します。

　現場での問題は開発期間が短くなり、品質特性の基準を十分にクリアできない状態で量産工程に入るケースがあります。そうなると生技部門、品質保証部門、製造部門が量産工程で生産量が著しく増加する中、品質基準を確保する製造方法の改善を行うことになり、新製品の立ち上げ時期は不適合品の手直しや廃却によるロスへの対応などでバタバタします。この急場をしのぐため、他部門からの応援による体制で乗り切るケースもあります。

▶ 品質の継続保証における課題

　いったん品質が安定しても、継続生産する中で課題が発生します。素材加工の工程では、複数の素材を配合して加工します。季節変動により素材の配合条件や温度、湿度の状況で良品を確保する条件は微妙に変動します。品質基準を

検査工程の課題

検査工程では熟練工の高齢化、外国人の採用により人手作業による品質確保が難しくなっている

検査工程の例

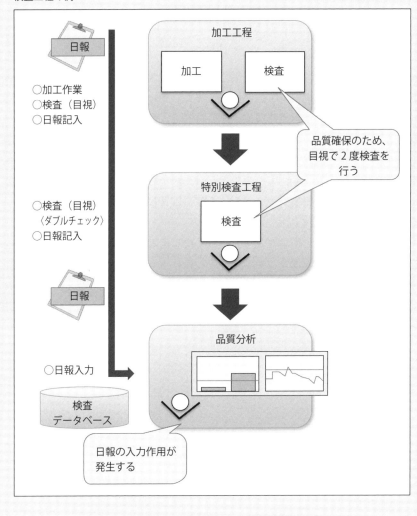

確保するため製造条件は一律で設定していますが、現場では熟練工がカンコツを働かせ、不適合が発生すると条件を微妙に調整します。つまり、品質基準を満たすための製造条件は変動することと、熟練工の豊富な経験により品質が確保されている現実があるのです。

▶ クレーム発生時の対処における課題

　納品後にクレームが発生すると、品質保証部が要因解析と影響範囲の調査を行います。まずは同じ製造条件で製造したロット（※）を製品→半製品→部品→原材料の順で、後工程から前工程にわたって調査します。この際のエビデンスとなる製造記録や検査記録が紙になっていることが多く、要因解析と影響調査は品質保証部門だけで実施できず、設計部門や生産管理部門、製造部門、調達部門を巻き込んで実施することになります。

　したがって、要因解析に時間がかかることと、製品を回収する必要性が出た際に影響範囲の箇所（一般的にはトレース帯と呼んでいます）の特定が難しく、トレース帯が広がり疑わしい範囲の製品はすべて回収することになり、大きな損失につながります。以上のことから、後工程への不良の混入を防ぐ余地は多分にあります。市場クレームを防止することは今や企業の存続につながります。

　品質保証を強化し、市場クレーム撲滅につなげるには、ムダを排除して安定した生産を行うことがまず大事です。そして、クレームが出た際にも原因追及を迅速に行えるように、生産過程のエビデンス（4M）を記録として残しておくことです。これを実現するのは困難ですが、愚直に取り組んだ製造業はこのレベルの高い品質保証体制を維持し続けています。

（※）同一ロットを4Mで判断
Man：作業者、Method：作業方法、Machine：設備、Material：材料、
特にMethod：作業方法における、製造条件（温度、圧力）やMaterial：材料における使用量の実測値が今までは不明確で、正確には把握できていなかったことが多いです。昨今の市場クレームからこの部分の管理強化が今、求められているのです。

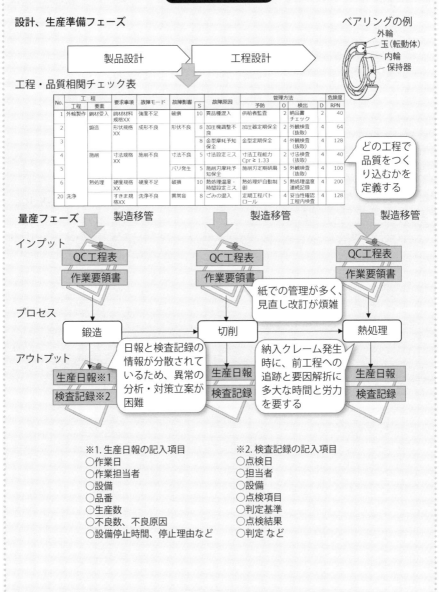

品質保証上の課題

設計、生産準備フェーズ

ベアリングの例
外輪
玉（転動体）
内輪
保持器

製品設計 ▷ 工程設計

工程・品質相関チェック表

No.	工程（工程/要素）		要求事項	故障モード	故障影響	S	故障原因	管理方法 予防	O	管理方法 検出	D	危険度 RPN
1	外輪製作	鋼材受入	鋼材材料規格XX	強度不足	破損	10	異品種混入	供給者監査	2	納品書チェック	2	40
2		鍛造	形状規格XX	成形不良	形状不良	8	加圧機調整不良	加圧器定期保全	2	外観検査（抜取）	4	64
3						8	金型摩耗予知保全	金型定期保全		外観検査（抜取）	4	128
4		研削	寸法規格XX	研削不良	寸法不良	5	寸法設定ミス	寸法工程能力 Cpr ≧ 1.33	2	寸法検査（抜取）	4	40
5					バリ発生		研削刃摩耗予知保全		5	外観検査（抜取）	4	100
6		熱処理	硬度規格XX	硬度不足	破損	10	熱処理温度・時間設定ミス	熱処理炉自動制御	5	熱処理温度連続記録	4	200
20	洗浄		すきま規格XX	洗浄不良	異常音	8	ごみの混入	定期工程パトロール	2	妥当性確認工程内検査	4	128

どの工程で品質をつくり込むかを定義する

量産フェーズ　製造移管　製造移管　製造移管

インプット
QC工程表　作業要領書
QC工程表　作業要領書
QC工程表　作業要領書

紙での管理が多く、見直し改訂が煩雑

プロセス
鍛造　切削　熱処理

アウトプット
生産日報※1　検査記録※2
生産日報　検査記録
生産日報　検査記録

日報と検査記録の情報が分散されているため、異常の分析・対策立案が困難

納入クレーム発生時に、前工程への追跡と要因解析に多大な時間と労力を要する

※1. 生産日報の記入項目
○作業日
○作業担当者
○設備
○品番
○生産数
○不良数、不良原因
○設備停止時間、停止理由など

※2. 検査記録の記入項目
○点検日
○担当者
○設備
○点検項目
○判定基準
○点検結果
○判定 など

1.6 デジタルからくりで ムダを排除する

　IoTによる最新技術を活用した人に優しい道具により、製造現場の課題をさらに解決することが可能となってきました。ここでは新三種の神器として、「デジタルからくり」「データ解析と対処ナビ」「設備のインテリジェント化」という大きなくくりで説明します。

▶ デジタルからくりとは?

　からくりとは、日本における古い時代の機械的仕組みのことを指しています。「糸を引っ張って動かす」という意味の「からくる」を引用して、機械時計に使われていた歯車やカムなどの技術を、人形を動かす装置として応用したからくり人形に代表されます。

　デジタルからくりは従来、紙を媒体としたもので実現したことを、低価格な情報機器や電子デバイスを使用して便利な道具に仕上げることから命名しました。

▶ キーワードは 「ローコスト」「フレキシブル」「ハイテク」

　「ローコスト（Low cost）」とは現在、センサー類が1個数百円から、小型のコンピューターも1台数千円からタブレット端末も数万円で購入できるようになったことを象徴したものです。従来はセンサーや情報機器は数十万、数百万円といった価格帯のため、利用にはハードルが高かったのですが、現実的に利用しやすくなりました。

　「フレキシブル（flexible）」は柔軟という意味ですが、これは業務運用の変化に柔軟に対応できるという意味を込めています。例えば、従来のかんばんは紙で印刷していました。設計変更で品番が変更となったり、工程のレイアウトが刷新されたりして所番地と呼ばれるストアの位置が変わると、かんばんを変更して印刷し直す手間がかかりました。

　同じモノに使用するかんばんもあらかじめ多数印刷しておき、毎月の生産量の変動に合わせて金庫と呼ばれる保管庫から出したり戻したりして使用していました。このような変更に対して柔軟に対応するため、今は書き換え可能な

IoT による新三種の神器

1. デジタルからくり

従来は紙を媒体としたもので実現したことを、低価格な情報機器や電子デバイスを使用して便利な道具に仕上げること

2. データ解析と対処ナビ

データ解析とは現場から収集したビッグデータを機械学習などで解析するソフトウェアやサービスのこと。対処ナビとはデータ解析をして導き出した結果に対し、人にヒントを教えたり設備を自動で制御すること

3. 設備のインテリジェント化

設備を構成する摺動部、駆動部や電気回路に対し各種のセンサー（温度、加速度、振動など）をつけ、得られる情報を収集し離れた場所から見えるようにしたもの

▼

人に優しい道具により
製造現場の課題解決を促進する

カードとICチップを使用し、必要な枚数のみ印刷して使用するリライトかんばんが利用できるようになりました。

「ハイテク（high technology）」とは、読んで字のごとくハイテクノロジー＝最新技術の略です。

IoTのキーワードでカメラ、センサー（温度、圧力、電流など）、ICチップ、無線機器、ボードコンピューターといった最新技術がどんどん実用化されています。これらを活用して、今まで困難とされてきたことを現実化することを言います。例えば、今までは人が目で見て検査するには限界があり、抜き取り検査しかできていなかったことに対し、カメラを活用した画像検査を採用して全品検査を実現するようなことが挙げられます。

▶ デジタルからくりで実現できること

デジタルからくりを利用すると、現場管理に必要な「明示」「指示」「収集」といった取り回しの準備が楽になり、外段取り作業のポカヨケにつながります。

「明示」と「収集」については先述した通りです。「指示」について補足すると、今までは外れたかんばんをポストに入れておくと、一定時間で水すましと呼ばれる人がポストからかんばんを回収し、現場事務所に戻します。現場事務所では、平準化ポストに差し立てをします。その後、時間単位に外れかんばんを工程側のシューターと言われる「かんばん」置き場に投入します。これだけでも手間がかかり、タイムラグが発生します。

これらが後工程から前工程に、ほぼリアルタイムに信号を伝達することができます。人が運ぶわけではないため、途中で落としたり風で飛ばされて紛失したりするような問題を防止することができます。

これらにより、現場作業者は生産活動により専念することができるわけです。

「ローコスト（Low cost）」「フレキシブル（flexible）」「ハイテク（high technology）」がキーワードのデジタルからくりを利用することで、人に優しい現場管理が実現するのです。

デジタルからくりとは？

1．ローコスト(Low cost) 　　　低価格化したセンサーや情報機器を利用

2．フレキシブル(flexible) 　　　業務運用の変化に柔軟に対応

3．ハイテク(high technology) 　最新技術を活用し、今まで困難と
　　　　　　　　　　　　　　　されてきたことを現実化する

▼

現場管理に必要な「明示」「指示」「収集」の取り回しの
準備が楽になり、外段取り作業のポカヨケにつながる
現場作業者は生産活動により専念することが可能

カメラ　　　　　　センサー　　　　　RFID タグ

IoT ゲートウェイ　　　情報機器

1.7 データ解析と対処ナビで ムダを排除する

　データ解析とは、現場から収集した何千万件、何億件といったビッグデータを、統計手法や機械学習のアルゴリズムを使用して解析するソフトウェアやサービスのことを言います。対処ナビとは、データ解析をして導き出した結果に対し、あらかじめ対処が明確になっている場合、人にどうしたらよいかヒントを教えたり設備に自動で指示したりして、制御することを指します。

▶ データ解析と対処ナビの具体例

　データ解析と対処ナビの具体例として、画像処理による検査の自動化があります。従来は人が検査して良品・不良品の判定をしていたものを、カメラで撮った画像とマスター画像を比較し、部品の取付位置の違いやキズの有無、色の違いなどを自動で検知して判断します。カメラで撮影した画像とマスター画像を比較して違いを見つける際に、画像データを解析しています。また、違いがあればOK・NGの信号を画面に出力することで、対処法を明確にしています。

　設備の振動や温度の稼動中の詳細情報を連続で収集し、通常稼働の状態との変化が発生した際に異常をとらえて早めに対応することで、設備の故障防止に利用することができます。これは設備の振動値を連続で収集して解析することで、いつもと異なる波形が出てきた場合に、異常発生していることを画面に表示することで通知します。設備故障の予兆を把握することから、このことは予兆管理と言います。

　設備から収集した情報活用は、予兆管理に役立てるだけではなく、設備保全の妥当な点検周期の見極めにも利用できます。高度な設備保全管理をしている現場では、設備メーカーが提示している交換サイクル通りに部品交換を行っていません。なぜかと言えば、設備メーカーは余裕を見て点検サイクルを設定しているからです。

　交換部品は膨大な量になり、交換間隔が長くなればなるほど効率の良い設備稼働となります。だからと言って、異常停止につながってはいけません。例えば刃具などの稼動時間と耐久性を連続で収集していると、それぞれの耐久性の

データ解析と対処ナビとは？

1. データ解析　　　　現場から収集したビッグデータを
　　　　　　　　　　機械学習などで解析する
　　　　　　　　　　ソフトウェアやサービス

2. 対処ナビ　　　　　対処ナビとはデータ解析をして
　　　　　　　　　　導き出した結果に対し、
　　　　　　　　　　人にヒントを教えたり
　　　　　　　　　　設備を自動で制御すること

✓ 画像処理による検査の自動化

✓ 設備故障の予兆管理

✓ センサーの値をモニタリングし設備を自動で制御

　　　　　　　　　　　　　　　　　　　　　　　　　　など

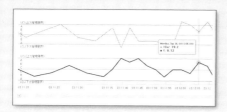

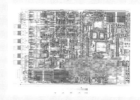

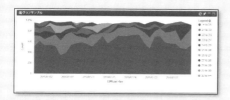

限界値を見極めることができます。これにより保全費削減に貢献できるのです。

クリーンルームなどでセンサーから埃の量を収集することにより、一定量を超えると自動で集塵機を制御して、埃を収集する活用方法があります。これは埃のデータを解析して、集塵機の制御に役立てている例です。

▶ データ解析と対処ナビは人材不足を補う特効薬

データ解析ツールを使用することで、3現主義（現地・現物・現実）で人が現場に張りついて行っていた現状把握を、ツールに任せることができます。さらに何時間、何日、何カ月にわたって連続収集したデータから判断するため、今までより正確な判断が可能です。

例えば温度、振動、電流の情報を0.1秒単位で1週間連続で収集するだけで、データ件数は200万件を超えます。これらの大量のデータを正確に収集して解析することが、最新技術のソフトウェアで可能になりました。振動がある一定値を超えると温度上昇が発生し、歯車の破損につながるというようなことが定量的に解析できるようになります。

他にも良品や不良品を識別するなど、人間の判断を代わりに行うことができるようになります。寸法不良について、人で見た場合と画像検査で判定した場合で比較をすると、人の検査の場合はスキルによりバラツキが大きいことがわかりました。熟練者は良品と不良品をしっかり見分けますが、経験の浅い人は不良品も良品と判断しているケースが散見されたのです。画像検査を使用した方が安定して良品・不良品の判断ができることがわかりました。

このようなデータ解析はデータを蓄積すればするほど、過去の実例をもとに解析結果を出しますので、精度はどんどん向上していきます。この手法は早く着手していればいるほど、遅く着手した人よりも先行者メリットを享受しやすいと言えるでしょう。

今までは何年も経験し、熟練しなければできなかったことをシステムが肩代わりしてくれる機運が高まりました。熟練工や熟練管理者がリタイアした後の特効薬としての活用が期待されます。

人材不足を補う特効薬？

データ解析ツールを使用することで、3現主義（現地・現物・現実）で
人が現場に張りついて行っていた現状把握を、ツールに任せることが可能

▼

✓　良品や不良品の識別など　人間の判断を代替できる

✓　大量のデータを正確に収集して解析することが可能になり、
　　振動がある一定値を超えると温度上昇が発生し、歯車の破損に
　　つながるといったことが定量的に解析できる

▼

この手法は早く着手していればいるほど、
遅く着手した人よりも先行者メリットを享受しやすい

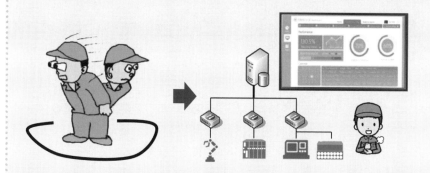

1.8 設備のインテリジェント化でムダを排除する

設備のインテリジェント化とは設備を構成する摺動部、駆動部や電気回路に対して各種のセンサー（温度、加速度、振動など）をつけ、そのセンサーから得られる情報を収集し、離れた場所から見えるようにしたものです。

▶閉じていた現場の情報を共有

従来、現場の情報は現場で見て対処することが慣例となっていました。そのため、現場に行かなければ情報を把握することができず、他の工場や部署の有識者からアドバイスをもらうことは困難でした。

設備のインテリジェント化は、そのような工程内で閉じていた現場の情報を工場、会社、顧客、仕入先で共有することにより、新たな業務やサービスにつなげることを狙いとしています。

▶インテリジェント設備の3要素

インテリジェント設備の3要素は、「予兆検知」「不良予告」「データ通信」となります。

「予兆検知」とは、設備が常に動いているモーターの回転数や電気回路の電流値をモニタリングし、故障が発生する予兆を検知して故障発生を知らせる機構となります。これにより、長期停止を防止します。したがって、設備を止めない重要箇所の情報が把握できることと、予兆ができる粒度で情報を収集することが重要です。

「不良予告」は、良品を製造するための温度や部材投入量など製造条件をモニタリングし、その閾値の範囲外に近づいた際に不良の発生を予告して知らせる機構となります。これも設備ごとに良品製造の製造条件が異なることから、良品製造を実現するための製造条件が把握できることが大切です。

「データ通信」は上記の情報を常に記録し、遠隔地からでも見えるようにしたり、異常値を通知したりすることができる機能のことを言います。

設備のインテリジェント化とは？

1. **予兆検知**　故障が発生する予兆を検知し、故障発生を知らせる機構

2. **不良予告**　不良の発生を予告して知らせる機構

3. **データ通信**　情報を常に記録し、遠隔地から見えるようにしたり
異常値を通知したりする機能

工程内で閉じていた現場の情報を
工場、会社、顧客、仕入先で共有することにより
新たな業務やサービスにつなげる

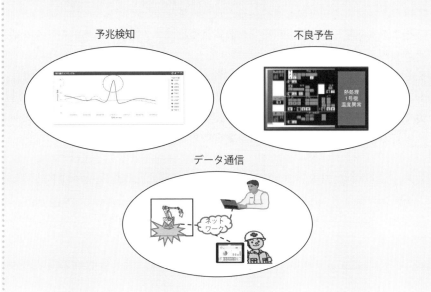

予兆検知　　　　　　　　　　　不良予告

データ通信

▶設備のインテリジェント化で実現できること

　設備のインテリジェント化の具体例としては、機械に温度センサーや振動センサーが取り付けられていて、異常が発生すると保全担当者のスマホや事務所のモニターに異常が通知されます。設備が故障して停止する前に通知されることで、終業時間後のメンテナンスによりトラブルを防ぐことが可能になります。

　他には機械の材料注入部分につけたセンサーから注入量を収集したり、温度センサーから加工する温度を収集したりし、良品の製造条件の閾値から外れる状態を検知して不良発生を予告して設備のモニターに表示し、管理事務所に通知します。そうすることで不良発生を予告し、設備を止めてメンテナンスすることで不良発生の防止につなげます。

　機械の販売・保守を事業展開する会社が、自社が納めた設備のリモートメンテナンスに活用することが可能です。納付した設備に内蔵・外付けで設置したセンサーから稼動状況や異常情報を収集し、自社から確認できるようにします。そうすることで、納付した設備の故障しやすい箇所を改善することや、次回点検時に交換部品を提案することでメンテナンス作業の効率化、精度アップに伴う顧客満足度向上にも期待が持たれています。

　そこから発展していくと、自社の設備につけている通信ユニットを前後の搬送設備やロボットにも設置をすることで、ライン全体の稼動確認を行い、リモートメンテナンスにつなげることも考えられます。実際のラインでは、異なるメーカーの設備を組み合わせて構成しているのは当たり前ですが、異なる設備をタクトタイムに合わせて同期をとり、製造ロットを合わせることはユーザー側の作業となるため、これらをまとめるのは大変でした。

　しかし、設備メーカーにラインの運用やメンテナンスを任せられるようになると、ユーザーにとっては運用管理面の負担が大幅に軽減されます。運用・メンテナンスを任せられる設備メーカーも、継続したビジネスとして幅を広げられるという観点で、Win-Winの信頼関係づくりに貢献します。

新たに実現できること

設備のインテリジェント化を図ることで、新たな業務やサービスに
つなげることが可能

▼

✓ 設備の異常が発生した際に通知することで、トラブル防止が可能

✓ 不良発生を予告して通知することで、不良発生を防止

✓ 自社が納めた設備のリモートメンテナンスに活用し、
　顧客満足度の向上に寄与する

現状

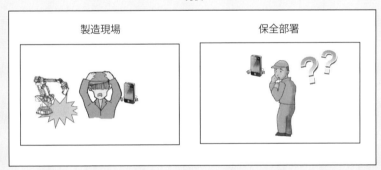

製造現場　　　　　　　　　　　　　保全部署

今後

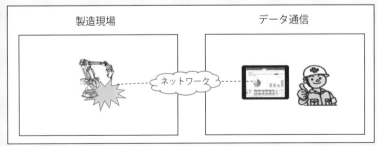

製造現場　　　　　　　　　　　　　データ通信

ネットワーク

　国内労働力の減少や海外展開の拡大において、外国人の活用は製造業として必須のテーマに浮上してきています。外国人の活用においては、次に示すように利点と課題があります。

▶ 外国人活用の利点

〈低コストでの活用が可能〉

　まず、この利点に注目して活用を検討することが多いです。特に日本の人件費の何十分の1という低コストで人材活用が可能なため、海外に生産拠点を構え、国内で3年の期間限定で採用するような活用は当たり前のようになっています。

　ここは利点でもありますが、人件費は年に数十％の勢いで高騰していくため、10年もすれば日本と同様のコストになることと認識しなければなりません。その上で活用しないと、後から生産拠点を畳まざるを得ないことになりかねません。

〈日本人より優れたスキルがある〉

　ベトナムでは女性の能力が高く、手先が器用で視力が良いことから縫製作業が集積しています。実際に検査する工程では、目を凝らして見ないとわからないような小さなゴミでも瞬時に見つけるほどです。地域によりますが、日本人よりも優れた能力を持っている人材が活用できるかどうかもポイントです。

〈多くの人材を集め育成することができる〉

　国内の人材だけを活用するには限界があり、多くの人材を集めて育成することが必要です。欧州ではポーランドやベラルーシなど北欧の人材を活用しているほか、北米ではメキシコ、南米ではブラジル、東南アジアではベトナムやインドネシア、ミャンマー、ラオス、カンボジア、フィリピンの人材活用が盛んです。わが国の場合は東南アジアの人材を活用するだけでなく、世界各エリアにも広がりを見せています。

外国人活用の利点

1. 低コストでの活用が可能

日本の人件費の何十分の1という低コストで人材活用が
できるため、海外に生産拠点を構えたり、国内で3年の期間
限定で採用したりするような活用は当たり前になっている

2. 日本人より優れたスキルがある

ベトナムでは女性の能力が高く、手先が器用で視力が良いため、
手先が器用な点で縫製作業が集積している。視力が良いことで
検査工程の能力が高い。日本人よりも優れた能力を持つ人材の
活用もポイント

国内の人材活用には限界があり、
多くの人材を集めて育成することが必要

▶ 外国人活用における課題

〈基礎能力を上げるハードルが高い〉

　海外で作業者を教育する場合、まず1週間は「立って仕事をすることから教える」という話をよく聞きます。日本ではアルバイトでも立って仕事することは当たり前ですが、そんな日本では当たり前のことでも海外では異なるため、基礎的なスキルを把握した上で対応することが求められます。

〈定着が困難〉

　外国人を海外で採用して時間をかけて教育した結果、やがてひと通りの作業をこなせるようになります。しかし、ようやく一人前としての成果を期待できる段階になったのに、他社へ転職してしまうということが往々にしてあります。これも、日本のように義理人情を重んじる文化では信じられないことですが、「日本の常識は世界の非常識」と割り切った対応をすべきです。

〈忖度できない（行間が読めない）〉

　海外では明確に指示されたことは行いますが、不明確なことはまったく行わないと思った方がよいです。作業手順書に書いていないことで応用して欲しいことや、他人と調整してうまくやってほしいことなどは、こちらの期待通りになることはほとんどありません。時間管理についてもシビアで、作業の途中であっても終業時間が来たらそのまま作業を終わらせてしまいます。

　以上のことから、外国人を活用するには利点と課題を理解した上で、その国や文化に合った活用方法を検討することが肝要です。ただし、日本の文化を正しく理解する外国人も増えてはいます。残念ながら欧州や北米の方は、日本人の話を素直に聞かない傾向にあります。そこで、米国人で日本の文化を正しく理解した熟練管理者や熟練工を欧州に派遣し、指導するとスムーズに行くと聞きます。フランスでうまく拠点を立ち上げることができたら優れた指導者と認められる、との話を耳にしたこともあります。

外国人活用における課題

1．基礎能力を上げるハードルが高い

海外で作業者を教育する場合、まず1週間は立って仕事をすることを教えるとの話をよく聞く。日本では当たり前でも海外では異なるため、基礎的なスキルを把握した上で対応することが必要

2．定着が困難

ひと通りの作業をこなせるようになり成果を期待していると、他社に転職することがよくある
日本の常識は世界の非常識と割り切った対応が必要

3．忖度できない（行間が読めない）

海外では明確に指示されたことは行うが、不明確なことは行われない。作業手順書に書いていないことで応用して欲しいことや、他人と調整してうまくやってほしいことを期待するのは困難。時間管理についてもシビアで、作業の途中でも時間が来たら仕掛中のまま作業を終わらせる

外国人を活用するには、利点と課題を理解した上で、その国や文化に合った活用方法を検討

自社　　　他社

I don't know

1.10 | IoT 活用により外国人の生産性をアップする

　前項で紹介したように、日本人のように時間をかけて面倒なことにもじっくり取り組むという教育方法では、外国人には通用しません。外国人活用のポイントについて、以下にまとめます。

▶ 外国人を上手に活用する３つのポイント

〈作業は単純にする〉

　作業を教える際には作業手順書をまとめておき、手順書通りに作業させながら教育するのが一般的です。ただし、日本の熟練者の作業手順はかなり複雑で、一度に覚え切れない手順を実施するようなことが多々あります。日本人ができるからそれを外国人にも適用するというよりは、作業を極力単純にすることを追求すべきです。

　例えば食品で計測する際に997gとか1005g必要という場合、1kgの袋からしっかり電子秤で計量しているケースが実際にあります。これは誤差や公差の範囲になることが多く、実際に食べてみてもその量の違いを誰も区別できません。それであれば、1kgの1袋をそのまま投入すればよいのです。せめて何グラムでなく、できるだけマスを使って擦り切り1杯にすべきです。手順書に電子秤で計量して入れるという手順よりも、1kgのマスで擦り切り1杯と記述すればまず間違いは起こりません。

〈色や記号を活用する〉

　トヨタの現場ではよく活用していますが、現品票に商品を明示する際に短縮番号や収容数を大きく表示する、人が見る方向に向きを揃えて見やすくする、というようなことは当たり前に実施しています。さらに赤、青、黄という色や◇□☆などの記号を組み合わせて、直感で識別できるようにすると間違いが少なくなります。

　例えば、モノの識別の際にうどんは赤、そばは青という形で商品を分類したり、A社向けは◇、B社向けは□、C社向けは☆、それ以外は△というような形で納入先を記号で分けたりすると、間違いが少なくなります。

1．作業は単純にする

作業を教える際に作業手順書をまとめておき、
手順書通りに作業をさせながら教育していく

細かく量るより単純作業にする

2．色や記号を活用する

○短縮番号や収容数を大きく表示する
○人が見る方向に向きを揃えて見やすくする
○赤、青、黄などの色や◇□☆の記号を使う

緑色 →　431
　　　　そば
　　　収容数 100Kg

　　　　NB

オレ
ンジ →　111
　　　　うどん
　　　収容数 100Kg

　　　　PB

直感で識別できるようにする

▶ IoTの活用はどうする?

　ここは本書のポイントとなりますが、IoTのツールを活用すると、面倒な部分は三種の神器である「デジタルからくり」「データ解析と対処ナビ」「設備のインテリジェント化」が解決してくれます。

　例えば、検査工程で今までは治具に部品を置き、検査箇所を何カ所か目でチェックした上で、部品にペンでマーキングするという作業手順だとします。そこに画像検査システムを活用すると、「ワークセット」→「ボタン押す」→「OKであればワーク取り出し」と簡単な作業で完了です。

　前項とあわせて外国人の活用方法で話を進めてきましたが、印象に残っていることをお話します。外国人は低コストだから、日本のように紙を印字して自動で切断してソートする機械は贅沢で、それよりも紙を切る専門の人、ソートする専門の人で対応すればよいという考え方をした人がいました。5年前にそんなことが言われていたと思ったら、あっという間に人件費が高騰し、切断機やソーター機を入れるようになりました。30年前にもてはやされた人に頼ったやり方は、海外では通用しないと改めて感じたものです。

　今まで日本人は相手に配慮し、手先が器用で粘り強くモノづくりに向いていると言われてきました。しかし、昨今では団体行動が不慣れでプライドが高く、保守的な人が増えてきました。逆に東南アジアを中心とした外国人の方が相手に配慮し、手先が器用で粘り強く日本語も堪能な人が増えているように見受けます。

　このような環境の変化もあり、海外の人材を日本で育成して熟練工や熟練管理者にした上で、現地に派遣して登用するという考え方が実はうまくいくと考えているのです。

　具体的には、海外の優秀な人材を、国内の製造現場で一緒にモノづくりを通じて指導します。それだけでなく一緒に食事をし、休みや夏は山登りや川辺でバーベキューをしたり、冬はスキーをしたりして日本の四季や文化を理解してもらうのです。そうして技能に熟練するだけでなく、日本の人脈と文化を兼ね備えた状況で現地に戻って指導する立場に携わることで、その後の展開がスムーズにいくという実例をよく聞きます。

IoT活用で作業が単純になる

▼

検査工程

ワークセット	かんばん 読み込み	結果確認	ワーク 取り出し

すべて単純動作になる

日本で指導

現地作業者　国内熟練工（指導者）
スキルマップ　スキルマップ
作業手順
組立ライン
▼ ▼ ▼ ▼ ▼

熟練工
国内で習熟して熟練工として現地へ

現地へ展開

現地作業者　熟練工（指導者）
スキルマップ　スキルマップ
作業手順
組立ライン
▼ ▼ ▼ ▼ ▼

現地作業者　熟練工（指導者）
スキルマップ　スキルマップ
作業手順
組立ライン
▼ ▼ ▼ ▼ ▼

1.11 さあ、ムダの排除を始めよう

　これまでは、ムダを排除するためにIoTをどのように活用すればよいか要点を説明してきました。それでは実際に、どんな順序でムダ排除に取り組めばよいかについて以降は触れていきます。

▶ まずは現状を把握する

　まず、ムダ排除をする前に3現主義に基づき、現状を正しく把握することが必要です。この精度が悪ければ悪いほど打ち手が外れ、効果が出ません。今の経営者は短期間に結果を求める傾向にあり、すぐに打ち手を求めますが、大事なのは自社のムダがどこにどれだけあるか、まず見える化に着手することです。

▶ 7つのムダを層別する

　そして、7つのムダについて、一度にすべて取り組むと非効率になります。特に動作のムダや不良のムダについては、品質管理やトヨタ生産方式など市販の解説書が多数出ており、改善活動はかなり進んでいると感じています。その一方でグローバル化の進展に伴い、海外から調達したりあるいは供給したりすることが増え、リードタイムは長くなる傾向にあります。そうなると、つくりすぎのムダ、在庫のムダが多く発生します。

　まずはつくりすぎのムダ、在庫のムダ排除に取り組み、在庫を削減します。

　つくりすぎのムダ、在庫のムダが残ったままの状態にしておくと、各工程内の実力値を極限まで上げても工程間の連携がうまく機能せず、実際は顧客の要求に合わせたモノの供給ができないことになります。つくりすぎのムダ、在庫のムダを排除することで、初めて後工程から引き取られたモノを自工程で与えられた時間の中で生産し安定して供給でき、前工程から必要なモノが適宜供給されるような改善につなげることができます。これがある程度できると、雪化粧がなくなった後のように、真のムダが見えてきます。

　次に取り組むのは運搬・手待ちのムダです。最近は長期間工場を運営してきた結果、レイアウト変更が何度も生じ、自工程で加工したモノを隣の工場や外

ムダ排除をする前に、3現主義に基づいて現状を正しく把握することが必要。現状把握の精度が悪ければ悪いほど、打ち手が外れ効果が出ない。大事なのは自社のムダがどこにどれだけあるか、まず見える化すること

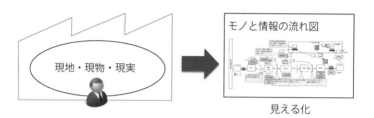

正しく、現状把握をした上で7つのムダ排除に取り組む

まずは「つくりすぎのムダ」と「在庫のムダ」排除に取り組み
在庫を削減する
このカイゼンが進むと真のムダが見える

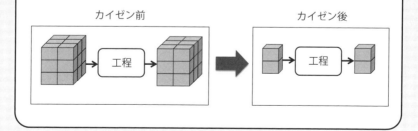

注先に出して加工した後、自工程の隣にある後工程に戻すというような運搬経路がムダに長いものが見られます。他にも金型点数が増えることで置き場が確保できず、外部倉庫や工程から離れた空きスペースに保管し、使用時にトラックなどで運搬してまた戻すというような非効率な運搬で、輸送費をムダにしている例をよく見かけます。

　10年以上経過した設備を使用しているケースも目立ちます。設備が老朽化してチョコ停やドカ停という形で設備停止が常態化することで、手待ちが多く発生する傾向にあります。リーマンショックや未曽有の震災などにより長期間にわたって景気が安定しなかったことで、新規の設備投資をしてこなかったツケが今利いています。また設備自体が高機能・高精度で高価な傾向にあり、単純な機能かつ安価で便利な設備が少ないことも、投資が抑制されてきた要因であることは否めません。これを解消する目的で、運搬のムダ、手待ちのムダを排除して生産性・可動率を上げることに取り組みます。

　上述した取り組みを進めることにより、かなり安定した生産が行えるようになります。ある程度安定した生産ができるようになってから不良のムダ、加工そのもののムダに取り組むと、現場のレベルアップもスムーズに進みます。ここまでくると、改善するポイントはかなり限定されてきます。そして、最後に動作のムダに取り組み、付加価値向上を追求することで他社と差別化した現場力を醸成していくことになります。

　ムダ排除を進める順番をこのように定義しましたが、動作が人によってあまりに違いすぎたり、不良や設備停止が多すぎたりする場合は、在庫削減とあわせてひどい部分に限定し、並行して取り組むのも効果的です。いずれにしても、つくり過ぎのムダ、在庫のムダは最初に取り除かないと真の課題が見えないため、そのことを承知した上で取り組んでください。

7つのムダ排除の手順

1. 在庫を削減する
「つくりすぎのムダ」「在庫のムダ」の排除

つくりすぎのムダ、在庫のムダを排除することで、初めて後工程から引き取られたモノを自工程で与えられた時間の中で生産し安定して供給できるか、前工程から必要なモノが適宜供給される改善につなげることができる

2. 生産性、可動率を上げる
「運搬のムダ」「手待ちのムダ」の排除

レイアウト変更で運搬経路が長くなったり、金型点数が増えたりすることにより、外部の倉庫や工程から離れた空きスペースに出し入れする非効率な運搬をカイゼンする

3. 品質向上＋品質強化
「不良のムダ」「加工そのもののムダ」の排除

上記2つをこなすと、安定した生産ができるようになる
これから不良のムダ、加工そのもののムダに取り組みことで
現場のレベルアップにつながる

4. 付加価値向上を追求する
「動作のムダ」の排除

現場のレベルアップが進む中で、さらに細かい動作改善を行い付加価値向上を追求し、他社と差別化する
※動作のムダ、不良のムダ、設備停止が多すぎる場合は
　ひどい部分に限定して在庫削減と並行して取り組む

Column ウチは特殊なんです？

製造業のお客様に訪問して25年以上になりますが、必ずと言っていいほど、お客様は「ウチは特殊なので、他の真似はできないよ…」と口にします。自動車業界であれば「家電業界とは違う」と言い、機械メーカーは「自動車業界とは違う」、表面処理、ゴム加工、鋳造業の人は「組立とは違う」と主張します。

どの製造業も、企業規模や扱う商品によっては確かに違いが見られます。しかし、1つひとつの工程や製造しているモノに着目すると、必ず類似事例が存在します。製造現場の人は自分の工程内のことは詳しいけれど、他の（自社であっても）工程のことは意外と知らないものです。

車は電子制御化が進んでいます。機械メーカーもできる限り部品の共通化を進めて、個別仕様を減らす方向性にあります。自動車メーカーは家電業界サプライヤーとの取引が進んでいますし、個別生産と言われていた機械メーカーも、自動車業界における繰り返し生産の品質向上とコストダウンを両立する管理手法に、興味を示すようになってきました。

製造現場の方は、作業着を着て自社で話をするときは声高に話をしますが、スーツを着て外部の交流会に参加すると、途端に大人しくなる傾向にあります。製造業の方が工場から頻繁に外出するのは問題かもしれませんが、ぜひ交流会に積極的に参加して、他社の良い事例を学び自社に役立てるようにすれば、モノづくりはより活性化すると感じます。

ややや…

第2章

まずは現状を正しく把握する

2.1 モノと情報の流れを把握する

　本章は、ムダ排除のステップの順に、具体的にどのように取り組めばよいかを詳述していきます。まずは、現状を正しく把握することが大事です。現状は3現主義（現地・現物・現実）に基づいて、モノと情報の流れ図にまとめます。

▶前工程、自工程、後工程を見える化する

　ここではモノと情報の流れ図の具体的な書き方よりも、書く際に注意する点について入念に解説を加えていきます。まず大事なのは前工程、次工程、後工程と「モノが滞留する箇所」「工程間の速度の違い」「距離によるリードタイム」を明確にすることです。一般的には仕入先、自社生産拠点、顧客に分けて記述し、自社生産拠点内の各工程間を明確にします。

　よくあるのは、組立工程は60秒のタクトタイムで生産しているが、前工程の溶接工程のサイクルタイムが90秒となると、後工程の速度に前工程が追い付かないことになります。そうすると、サイクルタイムを縮める工夫が必要です。

　他にも、同じ溶接工程から2つの組立ラインにモノを供給する流れになっていると、さらに組立ラインよりも短いサイクルタイムでモノをつくり、生産順序を調整するような同期をとるのが困難になります。

　通常はこのようなことが対応できていないため、溶接の後に仕掛品の在庫を持って対応しています。また、在庫を持つために溶接工程は月次で立てた計画で生産することで、計画精度が悪い場合には必要なモノが足りなくなってしまいます。不要なモノをつくっているため、日中にその不要なモノを生産し、足りないものを残業でカバーするというような非効率な生産に陥ることになります。

▶物理的な生産資源を見える化する

　次に各工程のライン、設備、人の物理的な生産資源を明確にします。組立工程であれば3つのラインがあり、1つのラインでは何人で生産しているかわかるようにします。設備工程の場合は、設備台数を明確にします。また、人も段

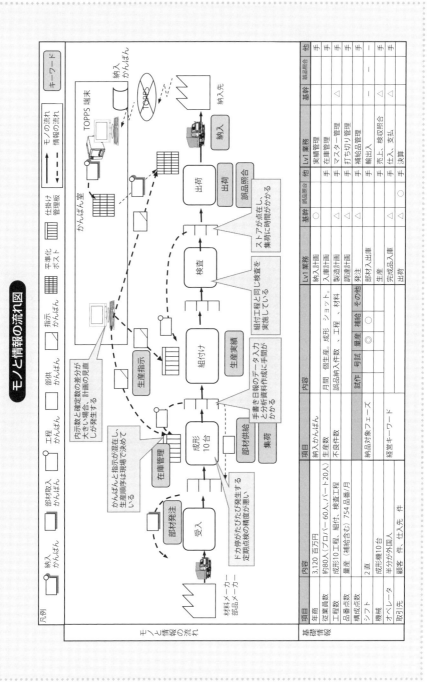

取り効率に影響するため、漏れなく記述します。そうすると、自社生産拠点内の工程の制約条件や前後の工程とのひずみが見えてきます。

▶ 物流経路も明確にする

今の時代は海外からモノを調達して加工し、海外へ輸出することが当たり前になってきました。そのため、仕入先から部品を調達する際に船で運んだり、自社から顧客に納品する際に外部倉庫経由で運んだりすることになります。自社で生産するよりも、運搬や保管にかかる時間の方が長いわけです。したがって、いくら自社の生産を効率化しても部品の調達に船で数週間かかったり、製品の輸送に車を乗り継いで何日もかかったりするようであれば、そこがネックであることが多く、こうした部分を明確にしなければなりません。

▶ 情報の流れはシステム、人手の手段を明確にする

情報の流れを明確にする際には、システムを利用して効率化しているのであれば、どのシステムを利用しているかを具体的に記述します。一方、手作業で情報を伝達している際には、どの頻度で情報を伝達しているかを明確にします。

よくあるのは、月次の生産計画は生産管理部門がシステムを利用して現場に指示しますが、日々の生産順序は現場が生産計画表とは別に備蓄計画資料を見て、生産しているケースです。ここまで細かいことは現場担当者からヒアリングしただけでは把握できないことが多く、現場の生産日報や差立表を見て把握すべきです。

モノと情報の流れ図をいかに定量的かつ精緻に表現できるかで、後のムダ排除が円滑に進むかどうかに関わります。何週間もかけて精緻に書こうとする例をよく見ますが、数日でまとめて確認しながらブラッシュアップすべきです。迅速第一ですが、「意識は精緻に定量的に」を心がけましょう。

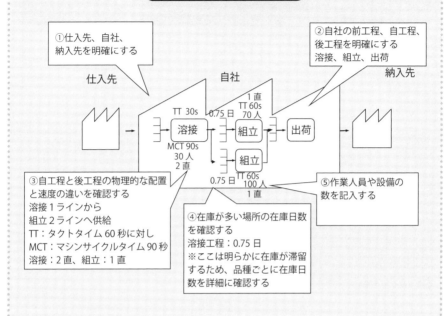

モノの流れ記述のポイント1

①仕入先、自社、納入先を明確にする

②自社の前工程、自工程、後工程を明確にする
溶接、組立、出荷

仕入先　　　　　　　　　　　　自社　　　　　　　　　　　　納入先

TT 30s
溶接
MCT 90s
30人
2直

0.75 日

1直
TT 60s
70人
組立

組立
TT 60s
100人
1直

0.75 日

出荷

③自工程と後工程の物理的な配置と速度の違いを確認する
溶接1ラインから
組立2ラインへ供給
TT：タクトタイム 60 秒に対し
MCT：マシンサイクルタイム 90 秒
溶接：2直、組立：1直

④在庫が多い場所の在庫日数を確認する
溶接工程：0.75 日
※ここは明らかに在庫が滞留するため、品種ごとに在庫日数を詳細に確認する

⑤作業人員や設備の数を記入する

モノの流れ記述のポイント2

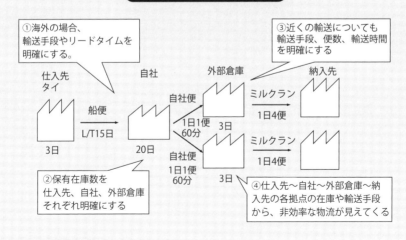

①海外の場合、輸送手段やリードタイムを明確にする。

③近くの輸送についても輸送手段、便数、輸送時間を明確にする

仕入先
タイ

自社

外部倉庫

納入先

3日

船便
L/T15日

20日

自社便
1日1便
60分

3日

ミルクラン
1日4便

自社便
1日1便
60分

3日

ミルクラン
1日4便

②保有在庫数を仕入先、自社、外部倉庫それぞれ明確にする

④仕入先～自社～外部倉庫～納入先の各拠点の在庫や輸送手段から、非効率な物流が見えてくる

2.2 業務分担を見える化する

　現代のモノづくりは、さまざまな部署が分担して業務を実施しています。部門間の業務の課題を明確にするために、業務フローで業務を可視化していきます。

▶ 関係する部署はすべて表記する

　顧客、自社の部門、物流業者、仕入先など関係部署を記述します。自社の部門も営業、生産管理、製造、調達、品質管理、生産技術といった業務に関係する部門はすべて記述します。よくある問題としては、営業部門で販売計画を立てた精度が悪く、売れ残りや欠品につながり、物流業者で在庫を抱えているにもかかわらず保有数が考慮されていない、などが挙げられます。部門間の連携による課題を明確にするためにも、ここでは登場人物を明らかにすることが大事です。

▶ 時系列にインプット、プロセス、アウトプットを明記する

　月次、週次、日次のサイクルは上から順にまとめていきます。毎月何日に実施する、あるいは毎日何時に実施するという業務サイクルも明確にしていきます。

　各部門で連携する際に、業務プロセスはインプットとアウトプットが必ずあります。今はシステム化が図られていますので、メールやシステムで情報を確認してシステムに入力するほか、EXCELのデータとしてアウトプットして現場に伝達する方法をとっています。そのインプットの手段（システムか手作業）や媒体（機能や帳票名）を明確にします。

▶ モノと伝票が一致しているか具体化する

　現場管理は、モノと伝票（情報）が一致しているかどうかが重要です。生産後は仕掛品や製品ができ上がるため、モノをアウトプットとして明記します。モノにつけている情報媒体（現品票やかんばん）も明確にします。

業務フローのサンプル

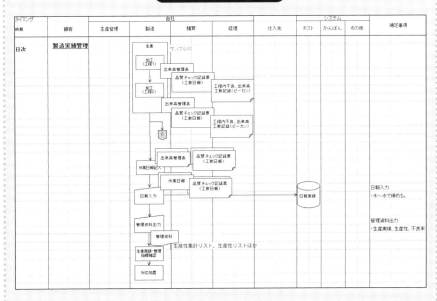

業務フロー記入のポイント1

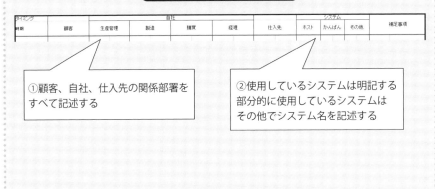

①顧客、自社、仕入先の関係部署を
すべて記述する

②使用しているシステムは明記する
部分的に使用しているシステムは
その他でシステム名を記述する

▶ 利用システムを明確にする

近年ではどのような規模の企業でも少なからず業務プロセスはシステム化されていますので、システム利用しているシステム名やシステムの機能名を業務フローに明記します。後で、そのシステムの機能やアウトプット帳票を確認することにより、システム上の課題も明確にしていきます。

最近は顧客のシステムや親会社のシステムを利用するケースが多く、そのシステムでできない部分は自社でシステム化し、業務を補完しています。ところが、システム間でデータの自動連携ができない、あるいは管理している情報が限定的や粒度が粗いなどの問題があるようです。

例えば在庫情報として製品在庫は管理できるが、仕掛在庫が管理できないとか、工場別品番別に在庫は把握できるが、棚番別には把握できないことで、同じ在庫情報を顧客や親会社のシステムと自社のシステムに2重入力しているケースが散見されます。このようなことは、親会社のシステムには週次や月次で反映され、現場管理と損益管理が噛み合わないというような課題につながるため、こうした部分にも着目して明記すべきでしょう。

▶ イレギュラー業務を洗い出す

通常業務を業務フローにしていくと、イレギュラー業務のケースが担当者から出始めます。イレギュラー業務は通常業務の業務量の約3～4割に該当します。すべてのイレギュラー業務を明確にすると逆にわかりにくくなりますが、業務量の多い順に全体業務量の7～8割の範囲でイレギュラー業務について業務フローで見える化すると、業務カイゼンの効果が大きくなります。システムは業務量の多いものに特化しており、イレギュラー業務は業務量が少なくても莫大な時間を要す場合が多いことが理由です。

このように業務フローを明確にしていくと、各部署を回って非効率な運用をしている業務や、システムの制約で余計に業務を増やしているような課題が浮き彫りになります。

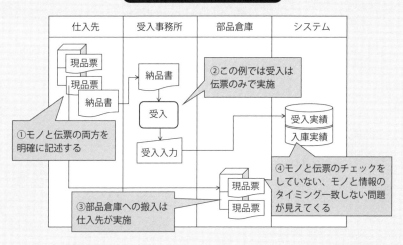

業務フロー記入のポイント2

仕入先	受入事務所	部品倉庫	システム

- 現品票
- 現品票
- 納品書
- 納品書
- 受入
- 受入入力
- 現品票
- 現品票
- 受入実績
- 入庫実績

①モノと伝票の両方を明確に記述する

②この例では受入は伝票のみで実施

③部品倉庫への搬入は仕入先が実施

④モノと伝票のチェックをしていない、モノと情報のタイミング一致しない問題が見えてくる

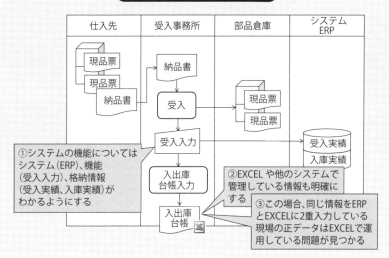

業務フロー記入のポイント3

仕入先	受入事務所	部品倉庫	システムERP

- 現品票
- 現品票
- 納品書
- 納品書
- 受入
- 受入入力
- 入出庫台帳入力
- 入出庫台帳
- 現品票
- 現品票
- 受入実績
- 入庫実績

①システムの機能についてはシステム（ERP）、機能（受入入力）、格納情報（受入実績、入庫実績）がわかるようにする

②EXCELや他のシステムで管理している情報も明確にする

③この場合、同じ情報をERPとEXCELに2重入力している現場の正データはEXCELで運用している問題が見つかる

　前項により、モノと情報の流れ図と業務フローをまとめることができるようになりました。これが整ってくると、客観的に課題を明確にした上で、関係者を集めて課題検討を実施する段階に進みます。

▶ モノの流れにおける課題の着眼点

⑴ストア化されているか

　製品、仕掛品、材料の置き場を見て、ストア化がされているかをまず確認します。ストア化されていない場合は課題として明記します。ストア化についての具体的な説明は第3章で説明します。

⑵在庫日数

　製品、仕掛品、材料ストアの品番点数と在庫日数を確認します。毎日動くものと、たまにしか動かないものに分けて在庫日数を確認し、余剰と欠品が発生していないかも確認します。在庫は一律で何日分と決めていますが、少量品と呼ばれるたまにしか動かないものはうまくコントロールできていないため、それらに着目するとよいでしょう。

⑶各工程間の速度の違い

　各工程のサイクルタイムやタクトタイムを確認します。ラインや設備によって速度が異なるため、物理的なラインや設備ごとに違いがわかるようにします。また、生産する単位も明確にします。

　生産は「仕掛け」と「流し方」を分けて表記します。同じ黒色の車を5台ずつ連続で流す場合は、5台仕掛けの1台流しとなります。前工程が設備生産の場合、10台仕掛けの10台流しという形で明確にすると、自工程の前工程と後工程の速度の違いや仕掛け流し方の違いで在庫が必要になることが客観的にわかってきます。

⑷設備能力、人員が適正か

　設備能力に問題がないか、日当たりの生産量と設備能力について確認します。また、人員についても確認します。よくあるのは設備の段取り替えができる要員が限られるため、段取り替えに時間がかかって設備を思うように稼働で

モノの流れの着眼点

1．ストア化されているか？

製品、仕掛品、材料の置き場を見て、ストア化がされているか、
確認する。ストア化されていない場合は課題として明記する

2．在庫日数を確認する

製品、仕掛品、材料ストアの品番点数と在庫日数を確認する。
毎日動くものと、たまにしか動かないものに分けて在庫日数を
確認し、余剰と欠品が発生していないかも確認する

3．各工程間の速度の違いはないか？

各工程のサイクルタイムやタクトタイムを確認する。
ラインや設備によって速度が異なるので、物理的なラインや
設備ごとに違いがわかるようにする。生産する単位も明確に
する。生産は「仕掛け」と「流し方」を分けて表記する

4．設備能力、人員が適正か確認する

設備能力に問題がないか日当たりの生産量と設備能力について
確認する。人員についても同様に確認する

5．可動率を確認する

設備停止が頻繁に起こっていないか、可動率（べきどうりつ）
や設備停止時間、回数について確認をする

6．不良率を確認する

品質不良要因別の不良率を確認する。不良は初期不良と
連続不良に分かれる。連続不良に着目してどの要因
（キズ、ムラなど）でどの程度発生しているか確認する

きないということがあります。そのような点に着目すると効果的です。

⑸可動率

設備停止が頻繁に起こっていないか、可動率（べきどうりつ）や設備停止時間、回数について確認します。基本は日報などに明記していますが、30分未満の停止は記録していないといったことがあるため、その点も現場を見て確認しましょう。

⑹不良率

品質不良要因別の不良率を確認します。不良については、初期不良と連続不良に分かれます。初期不良は、一度改善すると発生しない不良です。連続不良は、定期的に再発する不良となります。連続不良に着目して、どの要因（キズ、ムラなど）でどの程度発生しているか確認をします。

▶ 情報の流れにおける課題の着眼点

⑴内示、確定の精度の違いはないか？

月次、日次で情報精度にどの程度の差があるかを確認します。これは、内示と確定や出荷の品番別の数量を見て確認すべきです。通常は3カ月程度が適当ですが、季節変動があれば半年〜1年のスパンで確認します。

具体例としては、ある顧客はいつも内示が確定の半分程度の数量で来るため、自社で倍にして部品手配を行っているケースが見られます。ほかにも、当月分は精度が高いが、翌月・翌々月はまったく当てにならないといった話が出ます。

よくよく聞いてみると、納めた先に外部倉庫があることで、前月の出荷が多ければ一気に発注が届き、逆であれば少なくなるという不安定なモノの流れになっていたり、システムの精度が悪く翌月・翌々月の必要数が見られなかったりすることに起因しています。情報の精度とその背景について、ヒアリングを重ねてしっかり押さえておくことが大事です。

⑵情報の滞留はないか？

情報の滞留がないかを確認します。かんばんを回収して日でまとめていることや、取引先から注文情報がトラック便で1日遅れで来ることなどを確認します。

情報の流れの着眼点

1．内示、確定の精度の違いはないか？

月次、日次で情報精度にどの程度の差があるか確認する
内示と確定や出荷の品番別の数量を見て確認するとよい。
通常は 3 カ月程度でよいが、季節変動があれば半年〜1 年の
スパンで確認する。

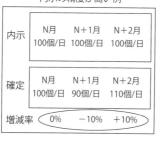
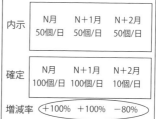

内示の精度が高い例

内示	N月 100個/日	N+1月 100個/日	N+2月 100個/日
確定	N月 100個/日	N+1月 90個/日	N+2月 110個/日
増減率	0%	−10%	+10%

内示の精度に問題がある例

内示	N月 50個/日	N+1月 50個/日	N+2月 50個/日
確定	N月 100個/日	N+1月 100個/日	N+2月 10個/日
増減率	+100%	+100%	−80%

2．情報の滞留はないか？

情報の滞留がないか確認する
かんばんを回収して日でまとめていたり、
取引先から注文情報がトラック便で 1 日遅れで来ると
いったことも確認する

外れかんばんを1日分まとめて前工程に渡す例

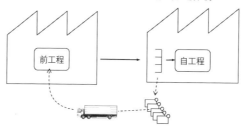

　モノと情報の流れ図や業務フローを整備し、客観的な課題を明確にしたら、関係者を集めてワイガヤ（ミーティング）を行います。関係者とは工場長、現場監督者、現場担当者のキーマンの関係する部署の人すべてとなります。

▶ ワイガヤによる潜在課題の明確化

　まず、モノと情報の流れ図や業務フローで、一連の流れを順番に説明します。その中での客観的な課題を説明します。その後に工場長が、どこが具体的に悪いかを指摘していきます。それに対し、現場監督者がその理由を説明します。場合によっては担当者のキーマンが補足します。

　そのような流れを繰り返すうちに、全体の業務の流れと課題が関係者全員に共有されます。次に、「他にもこんな課題はないか」という形で潜在的な課題が出てきます。それも明確にし、課題の棚卸しを続けるのです。

▶ なぜなぜ５回による真因の分析

　課題が明確になったら、課題一覧表にまとめて優先順位付けを行います。それを担当者ごとに「なぜなぜ5回」を行い、真因を明確にします。なぜなぜ5回については、5回にこだわるよりも、誰が聞いても真因とわかるようにすることが重要です。

　例としては、工程間で途中に仕掛品を置く場所を設けており、運搬距離が長いことで前工程作業者が仕掛品置き場まで持って行き、後工程作業者がそこへ取りに行く様式でした。運搬経路の長さが問題ですが、なぜ長いかを突き詰めていくと、元は別工程で生産する予定だったものを工程能力不足にもかかわらず生産移管したため、離れた工程で生産しなければならず、それが長距離運搬につながっていました。課題と真因が明確になれば、優先順位の高い順に課題解決に着手することになります。

▶ トップダウンとボトムアップの融合による改善意識の向上

　課題解決に取り組む体制としては工場長、現場監督者、現場担当キーマンも

1．モノと情報の流れ図や業務フローで、客観的な事実を
　明確かつ定量化していること

2．工場長、現場監督者、現場担当者のキーマンの
　関係する部署の人すべてを集めて実施すること

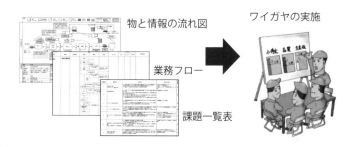

物と情報の流れ図

業務フロー

課題一覧表

ワイガヤの実施

潜在課題、真の課題明確化のコツ

1．ファシリテーションをする

　⑴板書する。板書する際は相手の言葉をそのまま書く

　⑵基本 Yes で肯定し、話しやすいムードをつくる

　⑶ある程度出たところで、要約して情報共有度を上げる

2．なぜなぜ分析（5回）を行う

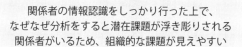

関係者の情報認識をしっかり行った上で、
なぜなぜ分析をすると潜在課題が浮き彫りされる
関係者がいるため、組織的な課題が見えやすい

含めた体制で取り組む必要があります。現状の組織は、熟練管理者や熟練工がいっせいに世代交代する時期にあります。こうした課題解決に取り組みながら、管理ノウハウを引き継いでいくことも大事な事項です。また、トップダウンによる目的、目標の明確化とボトムアップの改善結果の共有により、組織全体の改善意識が向上します。

▶ 定期開催による変化への柔軟な対応

改善活動を行う際には、会議は定例化すべきです。これは、継続してモチベーションを維持し続けることと、変化に柔軟に対応するためです。

よくあるのは工場長が最初だけ参加して、途中から現場任せになることです。改善している際にスペース不足、要員不足、取引先との契約状況の変更など、組織間にまたがった課題やお金に関わる課題が多々発生します。こうした点に対し、工場長自らが適宜判断しなければ、改善が進まず停滞していきます。それによりモチベーションが低下し、道半ばで挫折してしまいます。会議を定例化してトップを巻き込むのは必須です。

3カ月も改善活動を続けると設計変更、工程変更、品質不良といったさまざまな課題が発生し、現場に変化が生じます。その都度、変更に対して優先順位付けを見直し、新たな課題を盛り込んで行かなければ、活動が形骸化していきます。

改善活動を継続している会社は、次のことを意識して行っています。

①社員および非正規社員分け隔てなく、課題や提案を傾聴して工場長と共有
②工場長が自ら課題解決に率先して取り組み、改善につなげる
③効果が出たことを定期的にトップが全社員にアナウンスする

人は皆、自分の意見が尊重され組織に貢献していると認められれば、自然に力を発揮するはずです。当たり前のことかもしれませんが、これが実現できている現場は少ないのではないでしょうか。

カイゼン活動定着化のポイント

1. 社員、非正規社員分け隔てなく課題や提案を傾聴し、
   工場長に共有する

2. 工場長が自ら課題解決に率先して取り組み、改善につなげる

3. 効果が出たことを定期的に、トップが全社員にテレビ会議など
   を通じてアナウンスする

自分の意見が尊重され、組織に貢献していると認められていれば
自然に力を発揮する

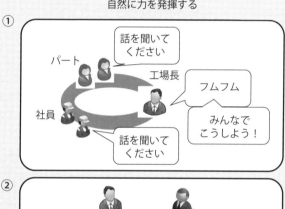

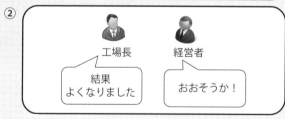

Column 設計変更のタイミングがよくわからない

　どの製造業に行っても、設計変更管理に苦心している話を聞きます。設計変更で仕様が変わり、複雑になってもタクトタイムは同じため、現場は苦しいばかりです。設計変更が意外と多く、作業変更がたびたび発生するので対応が面倒。暫定処置で対応するはずが、気がついたら恒久対応になっています。

　前工程と呼ばれる設計や生産準備過程で、品質やコスト評価がきちんとできていないことで、量産開始後に製造現場に負担が強いられてしまうのです。次期モデルでは解消されてくるだろうと期待していても、さらに複雑な形状や新工法で振り出しに戻り、現場の負担は一向に軽くなりません。

　この要因は、設計者は常に新しい部品を設計したがる傾向にあるのと、（わずか歩いて5分の距離にあるにもかかわらず）泥臭い製造現場にあまり足を運ばないことにあると感じています。確かに現場は「熱い」「埃まみれになる」「うるさい」環境ではありますが、1つひとつのモノづくりを見ていると感動することにあふれています。私はぜひ設計者の方にも、自分が設計した製品や部品が形になる過程を見て、現場の創意工夫を理解してほしいと思います。

　設計変更は、切替前と切替後のモノが混在することが一般的です。そのため、できる限り在庫を減らさないと、切替前のモノがなかなか切り替わらなくなります。これも、お客様に良いモノを早く届けるという観点から逆行します。この点は、現場の方にもぜひご留意いただきたい点です。

う〜む

第 3 章

在庫を削減する
（つくりすぎのムダ、在庫のムダ）

ここでは在庫を削減する各論に入る前に、まず前提となるジャストインタイムと後補充生産について解説します。

▶ ジャストインタイムとは?

ジャストインタイムとは、「必要なモノを、必要なときに、必要な分だけ」手当てするという考え方です。これを、生産と運搬において適用します。

生産に対しては、「権利があるときのみつくる」という考え方です。そのために仕掛けかんばん（または生産カード）を使用します。

運搬に対しては、「権利があるときのみ、後工程が前工程にモノを引き取りに行く」という考え方です。そのために引き取りかんばん（または引き取りカード）を使用します。

▶ 後補充生産とは?

ジャストインタイムを実現するためには、後工程で売れた分を生産します。重要なのは、「売れる機会の損失を防ぐために、いかに適正な在庫を持つか」ということです。それには次のポイントが重要となります。

①適正な在庫を持つことで、需要に対して即納できるようにする

②在庫が切れる前に売れた分だけすばやくつくり、製品在庫として補充できるようにする

③そのため部材は切れないように持つ

後補充生産を実現することにより、次の効果につながります

　○生産現場のムダ・ムラ・ムリをなくし、生産効率が向上する

　○需要予測→生販会議→生産計画のステップが不要になる

　○製品の過不足による販売部門内の調整会議が不要になる

　○顧客が欲しいときに即納が可能となる

　○在庫引当や納期回答などの仕事がなくなる

いわゆる「トヨタ式」では、部材ストアと前工程の製品ストアは1つにする傾向にあります。しかし、いきなりそのやり方を採用すると、前工程の製品ス

■ジャストインタイム

「必要なモノを、必要なときに、必要な分だけ」

　　生産：権利があるときのみつくる………仕掛けかんばん（生産カード）

　　運搬：権利があるときのみ後工程が前工程に

　　　　　モノを引き取りに行く…引き取りかんばん（引き取りカード）

■後補充生産

ジャストインタイムを実現するため、後工程で売れた分を生産する
重要なのは、「売れる機会の損失を防ぐために、いかに適正な在庫を持つか」

　①適正な在庫を持つことで、需要に対して即納できるようにすること

　②在庫が切れる前に売れた分だけすばやくつくり、製品在庫として補充できる
　　ようにする

　③そのため部材は切れないように持つ

後補充生産を実現することにより次の効果につながる
① 生産現場のムダ・ムラ・ムリをなくし、生産効率が向上する
② 需要予測→生販会議→生産計画のステップが不要になる
③ 製品の過不足による販売部門内の調整会議が不要になる
④ 顧客が欲しいときに即納が可能となる
⑤ 在庫引当や納期回答などの仕事がなくなる

トアに引き取りにいくとモノがないケースが多々発生します。そこで、工程の製品ストアと後工程の部材ストアは分けて持った方がモノの供給が安定します。

▶ 自律神経的とは？

後補充生産を機能させるためには、ストア化や各種表示によって現場の正常・異常を見えるようにするとともに、かんばん（仕掛けかんばん、引き取りかんばん）により工程間の情報をリアルタイムにやり取りできるようにします。そうすることで、人があえて指示や計画の作成をしなくても、適切な作業が行われるようにします。

特に、管理や計画作成などは付加価値を生まない作業となります。これらの作業を減らし、運営をスリムにすることを目指すのが本質となります。

ジャストインタイムや後補充生産というと「在庫を持たないことでは？」と錯覚します。しかし、これは間違いです。売れたらつくるという動作を徹底すると、引き取りに行ったら必ずモノはあることになりますので、各工程で在庫を持つことを意味します。極限は在庫レスですが、最初から工程を止めず、ミスなく、不良なく生産することは不可能です。そこで、在庫を持ちながら各工程間の連携をスムーズにしていくにつれ、在庫を減らして適正にするのが本質となります。

各工程間や自社と顧客との距離が長くなれば、それだけ在庫を確保しなければならないため、持つ量も変わります。計画生産に対して後補充生産を定着させた現場は、数カ月分の在庫を低減するというような大きな効果を出しています。

後補充生産のイメージ

5. 売れた部材を引き取る
4. 部材が使用されたため、引き取りの権利が発生
3. 部材を使用して生産
2. 売れた分で生産の権利が発生
1. 受注してストアから即出荷

仕入先　前工程　自工程　後工程　顧客
材　製　材　製　材　製

＜後工程からの引き取り＞

1. 後工程から部品が引き取られる

仕入先　前工程　自工程　後工程　顧客
材　製　材　製　材　製

＜自工程で生産＞

3. 部材を使用し生産
2. 売れた分で生産の権利が発生

仕入先　前工程　自工程　後工程　顧客
材　製　材　製　材　製

＜前工程への指示＞

6. 売れた部材を仕入先から引き取る
5. 前工程で部材を使用し生産
4. 部材が使用されたため、引き取りの権利が発生

仕入先　前工程　自工程　後工程　顧客
材　製　材　製　材　製

生産カード
引き取りカード
ストア

3.2 | ストアの5原則を理解する

　ジャストインタイムと後補充生産を実現するには、まずストアの整備が前提となります。ここではストアの整備についてまず説明します。

▶ ストアとは?

　ストアとは、ストア5原則に基づいて整理・運用されている、原料・包材もしくは製品・半製品の在庫置き場のことを表します。

▶ ストア5原則

　ストアの5原則について説明します。

⑴ 定番地があること

　いつも同じ場所に同じモノを置くこと。決められた場所以外には置かないこと。そうすることで探す手間がなくなります。そして、欠品の場合はすぐに判断できるようになります。

⑵ 表示をしていること

　現物には名札をつけ、場所には表札をつけること。現物と場所の両方に表示をすることで、正しい場所に正しいモノがきちんと置かれていることが見えるようになります。

⑶ 探しやすいこと

　体系化された並び順でモノが置かれていること。大分類・中分類・小分類ごとに置き場を決めること。初めての人でも直感で探せるようになります。

⑷ 先入れ先出しができること

　先にストアに入れたものから順番に使用していくこと。品質管理の一番のベースとなります。万が一、不良品などが発生した際に、追跡範囲を絞り込むことができます。

⑸ 品切れしない仕組みがあること

　後補充の仕組を導入し、必要な品目や数量を示す情報が前工程へと飛ぶことで在庫がストアへ補充され、欠品が発生しない仕組みができています。

■ストアとは

ストアとは下記のストア5原則に基づいて整理・運用されている、
原料・包材もしくは製品・半製品の在庫置き場のこと

ストアの5原則（1～2）

1. 定番地があること

いつも同じ場所に同じモノを置くこと
決められた場所以外には置かないこと
探す手間がなくなる
欠品の場合はすぐに判断できる

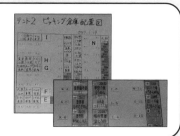

2. 表示をしていること

現物には名札をつけ、場所には表札をつけること
現物と場所の両方に表示をすることで、
正しい場所に正しいモノがきちんと置かれていることが
見えるようになる

一番大事なのは(1)の定番地があることです。この品物はここに置くと決めることで、必要な際はまずそこに取りに行くというルール化です。そしてそこにモノがなければ、「ない」というルールを遵守することになります。そうすれば、そこにたくさん置いてあれば過剰在庫、数が少なくなればもう少しで欠品、そして完璧になければ欠品であることが即座にわかります。

　つくりすぎのムダ、在庫のムダを招く原因の多くは、どこに何が、どれだけあるかがわからないことです。また、あっても探し出すのに時間がかかる、探し出しても取り出すのに時間がかかる、ことも原因となります。

　その昔、「涙の倉庫番」という人気のゲームがありました。これは、欲しいものを倉庫の外に出すために、他のモノを避けながら通路を確保し、時間をかけて出すといったものです。在庫管理ができていないところは不要なモノがたくさんあり、逆に必要なモノがなく、どこにあるかわからないためこんな事態に陥るのです。

　このほか、探しやすくするために、大きな字や色により直感でわかるようにすることが大事です。これこそ、模範はスーパーマーケットの置き場となります。初めて店に行っても、どこに何があるか上の棚の表示を見ればだいたい近くまで行け、目指す商品にたどり着きます。置き場に万が一商品が間違って置かれていても、商品にも商品名が明示されているため、手に取った際に間違いに気づきます。

　在庫スペースの効率化を目的に、フリーロケーションにしてシステムで取り出すような場合がありますが、これは意外と定着しません。定番地を決め、スーパーマーケットのように毎日モノを出し入れしている人にとっては、どこに何があるか頭に入っているためさらに動作が早くなります。

　また、棚卸しの仕方にも注意が必要です。ある製造企業で棚卸しをすると、数え間違いを頻繁にするため、棚卸しをするたびに実在庫数が合わなくなっていくケースが発生していました。せっかく箱にモノの名称と収容数を明示しているにもかかわらず、間違えてしまうのです。

　確認してみると箱の数を書くのでなく、箱の数と収容数を掛け合わせた個数を棚卸表に書いていました。頭の中で計算していくうちに箱の数が正しいのか判断できず、3回も別の人が検算していました。このようなときは、「正の字」で箱数を書くのが一般的です。まさにシンプルイズベストです。

3．探しやすいこと

体系化された並び順でモノが置かれている
大分類・中分類・小分類ごとに置き場を決める
初めての人でも直感で探せるようになる
現物には名札をつけ、場所には表札をつけること
現物と場所の両方に表示をすることで、
正しい場所に正しいものが
きちんと置かれていることが見えるようになる

4．先入れ先出しができること

先にストアに入れたものから順番に使用
品質管理の一番のベース
万が一、不良品などが発生した際に追跡範囲を絞り込むことができる

5．品切れしない仕組みがあること

後補充の仕組みを導入し、必要な品目や数量を示す情報が前工程へと
飛ぶことで在庫がストアへ補充され、欠品が発生しない仕組みが
でき上がっていること

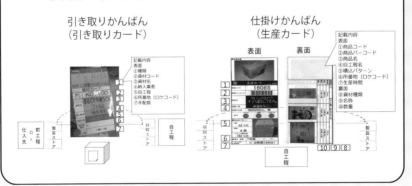

3.3 製品ストア在庫を見える化する

　前項では「7つのムダ」排除に大きく関わるジャストインタイム、後補充生産、ストアの基本事項について説明しました。ここからは、7つのムダを排除する各種ステップごとの取り組み方法について具体的に紹介していきます。まずは「つくりすぎのムダ」「在庫のムダ」排除のために在庫削減に取り組みます。

▶ まず製品ストアを整備する

　一般的に、製品在庫を管理する＝自動倉庫を導入するというような発想になります。しかし、自動倉庫を導入すると、往々にして倉庫にモノを一杯溜め込む傾向になり、かえって在庫を増やすことになります。大事なことは物理的にモノを探しやすくし、すぐに見つけて出せることにあります。そこで製品ストアを整備し、誰が見てもすぐにモノを見つけることができるようにします。

　ストアとは、前項で説明したストア5原則に基づき、整理・運用されている原料・包材、もしくは製品・半製品の在庫置き場のことを指しています。ストアを整備すると、まず不要なモノがすぐにわかるようになります。これにより、余分なスペースを削減することができます。

▶ 製品ストアの各種明示方法

　必要なモノだけがストアに置かれるよう仕組みを定着させるため、次の道具を活用します。

(1)棚の表示

　棚表示についてはこれまで品番や短縮番号、棚番地の変更の都度、紙に印刷し直して変更するのに手間がかかっていました。その悩みを解決するのが電子ペーパーです。

　電子ペーパーの特徴は「超低消費電力」「高視認性」「薄型・軽量」などの点にあります。電子ペーパーを使用すると、書き換えはワンタッチでできます。電池も不要で、運用も楽です。今までの紙の良い面は残しつつ、変更に手間がかかる不便な部分を補完した便利な道具であると言えます。

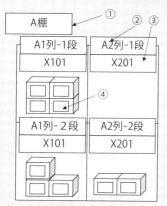

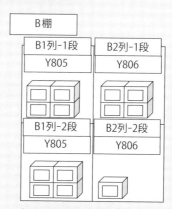

ストアの5原則
1. 定番地があること
2. 表示をしていること
3. 探しやすいこと
4. 先入れ先出しができること
5. 品切れしない仕組みがあること

①棚に定番地をつける
②列、段を明示する
③その棚に保管するモノの明示をする
　（短縮番号など）
④モノにも明示をする（短縮番号など）

製品ストアを整備する2

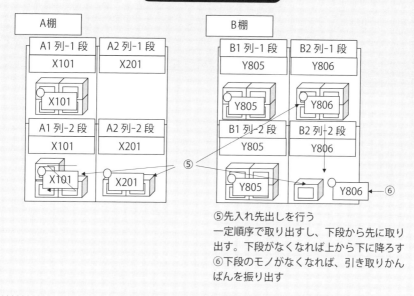

⑤先入れ先出しを行う
一定順序で取り出すし、下段から先に取り
出す。下段がなくなれば上から下に降ろす
⑥下段のモノがなくなれば、引き取りかん
ばんを振り出す

(2)モノの識別

箱にモノの識別としてかんばんをつける際に、ICタグをつけることで在庫量の把握を簡素化することが可能です。今はまだ紙で印刷したかんばんや現品票と一緒に、ケースにICタグを入れておく方法がとられています。

他にもリライトかんばんを使用し、かんばんの情報や印字を書き換えながら再利用する方法も出てきています。リライトかんばんの具体的な使用方法は後の項で説明します。電子ペーパーはまだ高価ですが、コストが下がってくれば箱ごとの識別に利用されるようになると想定しています。

▶ 自動倉庫を活かす秘策はある？

前項で、フリーロケーションは意外と定着しないという話をしました。フリーロケーション＝自動倉庫の活用が前提となります。自動倉庫を活用すると、自動倉庫に入庫してから出庫するまでに時間がかかります。そして、投資額が大きくなります。長く活用していると自動倉庫がよく止まり、ドカ停を起こす原因になります。

後補充生産は在庫を極少化していく為、置いたらすぐに売れることを目標とします。その考え方に自動倉庫は適しません。

自動倉庫を使用せずに、フリーロケーションを実現しようとすると、どこにモノを置いたかを人手で管理することになります。よくあるのは商品を置いた場所の番地を紙に書いて、事務所のパソコンで入力する方法です。この方法ですと、人が正しく記録しなければ間違いにつながります。万が一、モノが所定の場所にないことがあると、他の全部の場所を探さなければ欠品しているかどうかが判断できないルールになります。

こうしたことから、フリーロケーションや自動倉庫の活用については定着しない、あるいは運用効果が出ないという話をよく聞きます。自動倉庫の利点は、小スペースでも多数のモノを扱うことができる点です。ここに着目して利点を活かすとよいでしょう。

電子ペーパーの活用

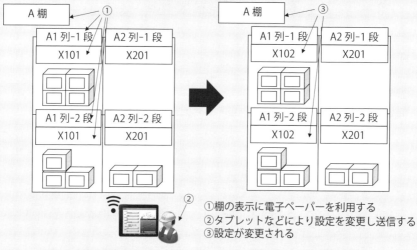

①棚の表示に電子ペーパーを利用する
②タブレットなどにより設定を変更し送信する
③設定が変更される

レイアウト変更時の棚の明示の変更、品番の変更（設計変更、商品切替）の
手間が大幅に軽減される

物の識別の効率化

RFID かんばん

紙で印刷したかんばんの
裏に RFID タグを入れる。

非接触での読取精度と情報量が
2次元コードよりも優れている

リライトかんばん

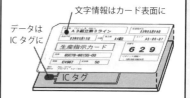

文字情報はカード表面に

データは
IC タグに

書き換え可能な媒体に文字情報の
印刷と IC タグに情報を書き込む
必要な時に印字して使用すること
が可能

3.4 | 在庫量を把握する

　在庫量を把握する方法について、ここでは2通りの方法について説明します。いずれも手軽に採用できる新しい手法と言えます。

▶重量センサーを活用して現在在庫量を把握する

　前項で説明したようにストアの置き場を決め、マスターを設定します。次に置き場に重量センサーを置き、その上にモノを置いていきます。重量センサーの重さに対し、各マスターに品番ごと、容器ごとの収容数と重量を設定しておけば、重量から箱単位の重量と収容数を用いて品番別の在庫数を算出できます。棚を明示するには所番地、品番（または短縮番号）、収容数の情報は必要であるため、そこに箱の重量と製品重量を設定しておくだけで在庫の把握ができます。適宜マスターの設定が必要ですが、これにより低コストで実現できます。

▶ICタグと無線センサーを活用する

　こちらは無線センサーとICタグを使用して、置き場にいくつ在庫が置かれているか把握する方法となります。あらかじめ建物の天井にICタグの無線読取センサーを設置して、モノにつけたかんばんや現品票にICタグをつけ、置き場に置きます。

　無線のセンサーがICタグの位置情報と中身のデータを収集することで、品番ごと、置き場ごとの在庫量を把握することが可能です。

　この方法の場合、置き場が変更になっても位置と品番の情報をセンサーが認識するため、リアルタイムに品番別にいくつ在庫があるか把握できます。しかし、無線センサーは光に反射して読み取れないといった制約があり、RFIDは金属の近くだと読み取り精度が悪くなるため、実地検証をした上での利用を勧めます。この点についてはどんどん改良されていますので、取り入れてほしいものです。

　上記の2通りの方法で在庫量が把握できると、在庫量が発注点を下回った際にモニターや管理者に通知し、迅速に対処できるようになります。置き場の在

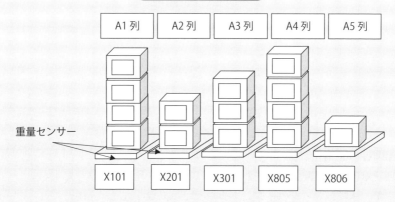

重量センサーの活用例

| A1 列 | A2 列 | A3 列 | A4 列 | A5 列 |

重量センサー

X101　X201　X301　X805　X806

モノの個当たり（または箱当たり）の重量から
在庫量を把握する

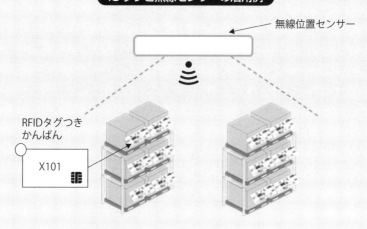

IC タグと無線センサーの活用例

無線位置センサー

RFIDタグつき
かんばん

X101

一定範囲にある、RFIDかんばんから
位置や在庫量（収容数×かんばん枚数）
を把握することが可能

庫量が把握できると、次の業務にも活かすことができます。

▶ 入出庫の把握と分析

　置き場の在庫量の変化を時系列に並べることで、入出庫のバランスを把握できるようになります。在庫は、出庫される間隔と入庫される間隔が均等になるのがあるべき姿です。したがって、入庫と出庫の間隔がアンマッチしている状況を分析すると、予想外に在庫が減って慌てて補充するのを防ぐことが可能です。逆に、出庫もないのに入庫ばかり繰り返しているとつくりすぎのムダになり、そちらの防止にも貢献します。

▶ 棚卸しの簡素化

　毎日の在庫量を確認できていなければ、週次や月次で棚卸しをすることになります。リアルタイムの在庫量をデータで把握でき、業務が円滑に回っていれば、週次や月次の棚卸しは不要になります。

　また、決算月（4半期または半期ごと）の実地棚卸しもデータ上の理論在庫の精度が高いため、置き場ごとの理論在庫のリストを出してチェックすることになり、指定置き場以外にモノがいくつあるか探す手間が省けます。

　通常は決算期の棚卸しを行うと、帳簿差異と呼ばれる理論在庫であるはずの在庫が実際の現場で見つからなかったり、数が異なったりすることが少なからず発生します。在庫は資産のため、すぐに差異額として処理する前に、徹底的に現場をチェックして探すことになります。在庫精度が低いとこの作業に労力を要しますし、原因が不明な場合は帳簿差異調整額として財務諸表上に表れてしまいます。当然ながら、帳簿差異額の大きい企業は管理レベルが低いことになりますので、企業の信用度にも影響します。

　在庫管理できていない現場は置き場にモノがないことが常態化し、他の箇所も探し回るため、時間がかかるのは必然です。置き場にモノがあるとわかっていることは、在庫管理を効率化する鉄則です。

センサーから
「置き場」「品番」「在庫量」を収集して
データを解析

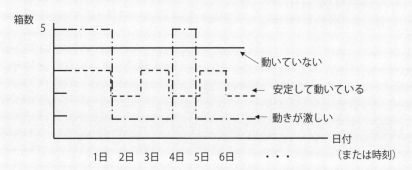

置き場：A1列
品番：X101

置き場：A2列
品番：X201

置き場：A5列
品番：X806

箱数

5

← 動いていない

← 安定して動いている

← 動きが激しい

日付
（または時刻）

1日　2日　3日　4日　5日　6日　・・・

定期的に観測して、「動いていない」
もしくは「動きが不規則や激しい」箇所は
カイゼンを図る

3.5 生産計画自動立案でかんばん枚数と設備負荷の同期を図る

　つくりすぎのムダ、在庫のムダの原因は生産計画の精度に起因することが多いです。ここでは、後補充生産を前提とした生産計画立案へのIoT適用例について解説します。

▶ 需要予測、計画生産、MRPはつくりすぎのムダ、在庫のムダを増やす

　よくある話として、需要予測をして生産計画を3カ月分立案し、その生産計画に対してMRPによりロットまとめと期間まとめを行い、仕掛品の製造計画や部材の手配計画を立てます。

　これを行うと、必要なモノが計画以上に発生した際に、外れた計画の生産が邪魔になり、売れないモノをつくったり売れるものがつくれなくなったりするケースが多々発生します。

　その理由の原因は需要予測、計画生産、MRPなどの管理手法が計画変更に弱いからです。需要予測は、月次や週次のメッシュで管理することが一般的です。ところが、現場の動きは時間、直、日単位で変化します。MRPが管理するリードタイムと呼ばれる原単位は、週単位や日単位が一般的です。

　これをタイムバケットと呼んでいますが、タイムバケットが日単位の固定でしか管理できなくても、現場は数量と設備や人員の能力に応じて時間単位に変更ができます。つまり、需要予測や計画生産、MRPの手法で精緻な計画を立てるのは、日単位の管理までが精一杯ということになります。「現場であと2時間残業すれば間に合う」「この生産は後回しにしてこちらを優先しよう」という柔軟な現場の要求を満たすことは難しいのです。

▶ 生産計画立案のポイント

　設備生産の工程はロットでまとめて生産をします。そのため、設備や人の能力範囲で品揃えを良くする工夫をすることが求められます。その点で、生産計画を立案するポイントについて次に解説していきます。

(1)製品、仕掛品の必要量を算出する

　完成品、仕掛品の必要量をまず算出します。完成品の今月の必要量、日当た

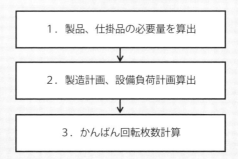

1．製品、仕掛品の必要量を算出

2．製造計画、設備負荷計画算出

3．かんばん回転枚数計算

生産能力を加味した上で、売れたらすぐつくれる実行可能な生産計画を立案する

製品、仕掛品の必要量算出

製造部品表

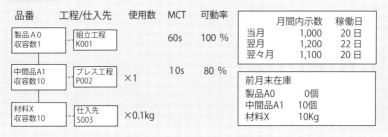

品番	工程/仕入先	使用数	MCT	可動率
製品A0 収容数1	組立工程 K001	60s		100 %
中間品A1 収容数10	プレス工程 P002	×1	10s	80 %
材料X 収容数10	仕入先 S003	×0.1kg		

	月間内示数	稼働日
当月	1,000	20 日
翌月	1,200	22 日
翌々月	1,100	20 日

前月末在庫
製品A0　　0個
中間品A1　10個
材料X　　10Kg

＜算出の流れ＞

①日当たり数を算出
　日当たり数＝月間内示数／稼働日
②在庫数を加味する
　必要数＝日当たり数－前日在庫数
　必要数＜0の場合は必要数＝0
　当日在庫数＝前日在庫数－日当たり数
③子部品の必要量を算出
　子日当たり数＝親必要数 × 子使用数
①〜③を再下位の構成に展開

		末	1日	2日	…	31日	
A0	日当たり数		50	50		50	①
	必要数		50	50		50	②
	在庫数	0	0	0		0	
A1 ×1個	日当たり数		50	50		50	① ③
	必要数		40	50		50	②
	在庫数	10	0	0		0	
X ×0.1 Kg	日当たり数		4	5		5	① ③
	必要数		0	0		5	②
	在庫数	10	6	1		0	

りの必要量から部品構成を見ながら必要数を展開し、仕掛品の必要量を算出します。この段階で収容数や安全在庫、生産ロット数を加味すると、階層が深くなればなるほど、余分な在庫を持つ計画となるため注意してください。リードタイムもできる限り見ない方がよいです。

(2)製造計画、設備負荷計画を立てる

(1)で完成品、仕掛品の必要量を算出したら、工程ごとの収容数や生産ロット、安全在庫を加味して製造計画を立案します。その際に設備ごとの機械時間（MCT）や段取り時間を見ながら、設備の能力範囲で対応可能か製造計画と設備負荷計画を立案します。大事なのは設備の能力上、定時内で対応できるか、もしくは残業が必要かを見ることです。

設備能力に問題がなければ、人の要員上過不足がないかを見ます。そうすることで、月間の設備や人の経営資源を効率良く配備します。

設備能力と人の要員のバランスを取るには工夫が必要です。例えば、プレス工程では段取り替えを少なくした方が数多くつくれますが、同じモノばかりつくることになり品揃えが悪くなります。そこで、ある程度段取り替えをしても品揃えを良くする製造計画にした上で、負荷を見る必要があります。

ゴムの加硫工程やウレタン工程のように設備が一定の周期で生産する形態の場合は、少量品の段取り替えをどこまで行うかで人の要員数が大きく変わってきます。人員に制約がある場合は、設備に余力があっても人員の能力を優先せざるを得ない場合があります。このような設備と人のバランスを取ることが重要です。

(3)かんばん回転枚数計算をする

製造計画と同時にかんばん回転枚数を計算します。かんばん回転枚数の算出は次ページの図を参照してください。かんばん回転枚数でつくりすぎのムダ、在庫のムダを防ぐコントロールをします。

上記の手順で生産計画を立てることにより、生産能力を加味した上で、売れたらすぐつくれる実行可能な生産計画ができ上がります。次項ではこの計画をもとに、売れたモノをつくる生産順序計画と生産指示について説明していきます。

製造計画、設備負荷計画作成

製造部品表

品番	工程/仕入先	使用数	MCT	可動率
製品A0 収容数1	組立工程 K001		60s	100 %
中間品A1 収容数10	プレス工程 P002	×1	10s	80 %
材料X 収容数10	仕入先 S003	×0.1kg		

	月間内示数	稼働日
当月	1,000	20 日
翌月	1,200	22 日
翌々月	1,100	20 日

前月末在庫
製品A0	0個
中間品A1	10個
材料X	10Kg

<製造算出の流れ>
①計画数を算出
　製造計画数＝必要数を収容数で丸める
　再下位の工程まで展開

<負荷計画算出の流れ>
②負荷計画を算出
　負荷計画＝製造計画数×MCT/3600/可動率
　K001負荷＝50×60/3600/1＝0.83（h）
　P002負荷＝40×10/3600/0.8＝0.14（h）
　　　　　　50×10/3600/0.8＝0.17（h）
※品番毎に負荷を算出した上で、同一工程の
　負荷を集計することにより工程毎の負荷が
　算出される

		1日	2日	…	31日	
A0	必要数	50	50		50	
	計画数	50	50		50	①
A1	必要数	40	50		50	
	計画数	40	50		50	①

		1日	2日	…	31日	
組立 K001	負荷 h	0.83	0.83		0.83	②
プレス P002	負荷 h	0.14	0.17		0/17	②

かんばん回転枚数算出

製造部品表

品番	工程/仕入先	使用数	MCT	可動率
製品A0 収容数1	組立工程 K001		60s	100 %
中間品A1 収容数10	プレス工程 P002	×1	10s	80 %
材料X 収容数10	仕入先 S003	×0.1kg		

	月間内示数	稼働日
当月	1,000	20 日
翌月	1,200	22 日
翌々月	1,100	20 日

前月末在庫
製品A0	0個
中間品A1	10個
材料X	10Kg

	日当り数
A0	50
A1	50

※今回は安全係数を10%として算出

<かんばん回転枚数算出の流れ>

①かんばん回転枚数を算出
　かんばん回転枚数＝日当たり数/収容数×（1＋安全係数）
　　　　A0回転枚数＝50/1×（1+0.1）＝55枚
　　　　A1回転枚数＝50/10×（1+0.1）＝5.5枚

安全係数は「日当たり数のブレ率」「仕掛けまでの時間」を含む

生産順序計画と部品引き取り作業へタブレットを活用する

前項で生産計画を立案することにより、設備能力と人員の確保ができました。その上で、売れたモノを補充するための生産順序計画を立案し、部品のピッキングをした上で生産を行います。ここでは、生産順序計画を立案して部品のピッキング方法について説明します。

▶ 生産順序計画の立案

⑴ 後工程からの外れかんばんの読み込み

後工程でモノが必要になると工程の完成品置き場からモノが引き取られ、後工程に移動されます。その際に、かんばんの情報をタブレットについたバーコード・リーダーでスキャンします。

仕掛けかんばんが外れますので回収します。リライトかんばんの場合は、いったん印字した内容を含めて情報を消去します。

⑵ 生産順序計画の自動立案

スキャンされたかんばんの情報をまず順番通りに並べます。生産ロット形成する場合は工程へ振り出さず、待ち行列に入れます。

例で説明すると、ABABACBDの順番にかんばんが外れたとします。ABは3枚でロット形成、CDは1枚で指示とします。この場合、最初のABは前工程へ指示をせず、待ち行列に入ります。

次のABも待ち行列に入ります。次のAが来ると、3枚溜まったので前工程にAを指示します。次のCが来ると前工程に指示をします。Bが来ると、3枚溜まったので前工程に指示をします。Dが来ると前工程に指示します。

外れた順番はABABACBDで、前工程の指示はAAACBBBDとなります。

次のAが来ると、3枚溜まったので、前工程にAを指示します。次のCが来ると前工程に指示をします。Bが来ると3枚溜まったので前工程に指示をします。Dが来ると前工程に指示します。

外れた順番はABABACBDで、前工程の指示はAAACBBBDとなります。

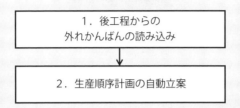

生産順序計画の立案

```
1. 後工程からの
   外れかんばんの読み込み
```

```
2. 生産順序計画の自動立案
```

外れかんばんを読み込み生産順序計画を自動で立案する

後工程からの外れかんばんの読み込み

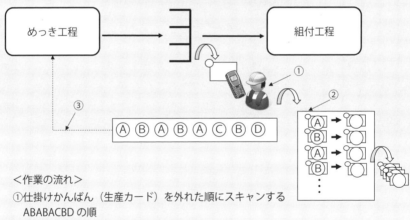

<作業の流れ>
①仕掛けかんばん（生産カード）を外れた順にスキャンする
　ABABACBD の順
②リライトかんばんを消去して置き場に戻す
③①でスキャンした仕掛けかんばんの情報が前工程に
　指示される

▶ タブレットによる部品ピッキング

(1)生産順序計画の確認

　生産順序計画が前工程に自動立案されると、部品集荷する人のタブレットに部品ピッキングの一覧が表示されます。ABCDの部品が単品でabcdとすると先ほどの計画上、前工程にはAAACBBBDと順序計画が立案されているため、タブレット上の画面にはaaacbbbdと集荷の一覧が出てきます。

(2)タブレットによるピッキング作業

　集荷する順番に、前工程の完成品置き場または部材置き場からモノを集荷します。部品には所番地という置き場の番地がついていますので、その番地を見ながら置き場に行き、モノを引き取ります。引き取る際にかんばんの情報を読み取り、モノが間違っていないか誤品チェックをします。

　誤品チェックはモノについている引き取りかんばんと所番地の番地番号を順番に読み、タブレットの品番や所番地とチェックします。これは、3カ所チェックを行うことから3点照合と呼ばれています。

　誤品チェックで問題がなければ、モノを工程まで移動します。aaacbbbdと順番で繰り返します。こうすることで、売れた順番に補充を行います。

　従来は外れかんばんを回収して前工程に持っていき、ロット形成をして生産指示につなげるために「回収する」「並べ替える」「仕掛ける」といった「かるた取り」と呼ばれる取り回し作業にタイムラグが発生していました。これが軽減されることで、業務効率化とスピードアップにつながります。

　部品のピッキングに関しても出庫の際に誤品チェックをしたり、実績を入力したりすることはできておらず、ポカミスにつながることがありました。こちらについても、出庫のタイミングで部品在庫の数が正しく把握でき、誤品チェックもシステムで行うので品質保証プロセスの強化にもつながります。

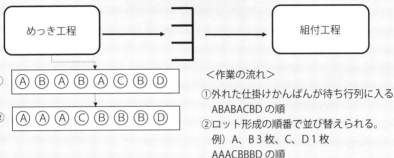

生産順序計画の作成

めっき工程 → 組付工程

① Ⓐ Ⓑ Ⓐ Ⓑ Ⓐ Ⓒ Ⓑ Ⓓ

② Ⓐ Ⓐ Ⓐ Ⓒ Ⓑ Ⓑ Ⓑ Ⓓ

＜作業の流れ＞
①外れた仕掛けかんばんが待ち行列に入る
　ABABACBD の順
②ロット形成の順番で並び替えられる。
　例）A、B 3 枚、C、D 1 枚
　AAACBBBD の順

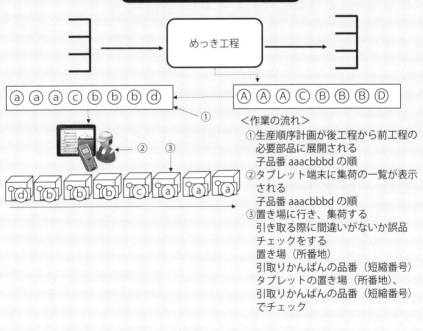

タブレットによる部品ピッキング

めっき工程

ⓐ ⓐ ⓐ ⓒ ⓑ ⓑ ⓑ ⓓ ← ① ← Ⓐ Ⓐ Ⓐ Ⓒ Ⓑ Ⓑ Ⓑ Ⓓ

② ③

ⓓ ⓑ ⓑ ⓑ ⓒ ⓐ ⓐ ⓐ

＜作業の流れ＞
①生産順序計画が後工程から前工程の
　必要部品に展開される
　子品番 aaacbbbd の順
②タブレット端末に集荷の一覧が表示
　される
　子品番 aaacbbbd の順
③置き場に行き、集荷する
　引き取る際に間違いがないか誤品
　チェックをする
　置き場（所番地）
　引取りかんばんの品番（短縮番号）
　タブレットの置き場（所番地）、
　引取りかんばんの品番（短縮番号）
　でチェック

3.7 生産指示と、生産のモノと情報を同期する

　前項では外れたかんばんで生産順序計画を自動で立案し、必要な部材を後工程に供給するために部品供給者のタブレットにも必要なモノのピッキングリストを表示し、部品を供給する手順を説明しました。ここでは、生産順序計画通りに工程に生産指示をして生産する方法について説明します。

▶ 生産指示と生産

⑴生産指示の確認

　生産順序計画を工程開始のタブレット画面で確認します。そこで最初の生産品番を選択します。前項の生産順序計画でAAACBBBDと立案されていますので、まずAAAを選択します。

⑵生産

　生産するモノを選択した上で、生産を行います。まず、前項でピッキングした部品aを工程に仕掛けます。部品aは3箱ありますので、それを持ってきて工程に仕掛けます。

　そして、生産をしてAに加工します。加工が終了するとAAAとAが3箱加工されます。3枚でロット形成をしている場合は、かんばんは1箱単位に分かれていますが、仕掛けは3枚一度に行います。

▶ 工程かんばんの発行とモノへの添付

⑴工程かんばんの発行

　生産が完了すると、タブレットの画面上でAAAの生産完了のボタンを押します。そうするとリライトかんばんにAのかんばん情報が印字され、3枚のかんばんが発行されます。

⑵モノへの添付

　そのかんばんをモノに添付して、工程完成品置き場に置きます。Aが3枚印刷されていますので、3枚のかんばんをそれぞれの箱に指して移動することになります。印字上はAのかんばん情報ですが、1枚ごとにかんばんを識別する連番は異なります。

生産指示と生産の流れ

めっき工程

Ⓐ Ⓐ Ⓐ Ⓒ Ⓑ Ⓑ Ⓑ Ⓓ

①

②

<作業の流れ>
① 生産順序計画をタブレットで確認する
　　AAA を選択

② 部品を仕掛け加工する
　　aaa から AAA を加工

⑶工程完成置き場への移動

　3枚のAの箱を置き場の所番地に移動します。上記を繰り返して行います。AAACBBBDの生産順序になりますので、AAAが終わればCを1箱生産し、次にBBBと3箱生産、Dを1箱生産します。

　紙のかんばんで生産をする場合によくあるのが、外れた順番はABABACBDとなった場合に、生産順序をAAABBBCDと流すケースがあります。これは生産ロットの多い順に流すのですが、この方法にするとCが必要なときに間に合わなくなる可能性があります。自動制御することで人による計画のバラツキをなくすことにつながります。

　上記の対応をすることで、つくりすぎのムダ、在庫のムダを防ぐ計画立案と生産が可能となります。

　ロット形成について補足します。設備中心の工程では段取り替えを極力抑えるため、あるまとまったロットサイズで加工をします。しかし、ロットサイズにまとめると加工時間が長くなり、在庫が増えてしまいます。したがって、できる限り品揃えを良くする（＝多品種で生産する）ためにロット形成する単位を決めます。

　ロット形成の仕方については、サイクルタイムの目安を1時間にした際のロットサイズにしているのが一般的です。仕掛けの単位はロット形成サイズで行います。後は機械ごとに大量品（日々生産が必要なモノ）と少量品（日当たりで1かんばんに満たないもの）を分けて対応することで工夫していることが多いです。このような計画を自動立案する目的で自動スケジューリングソフトを使う話を聞きますが、どの機械で何でも生産できるようにすると、外段取りやオペレーターがついて来られない場合があるため注意が必要です。

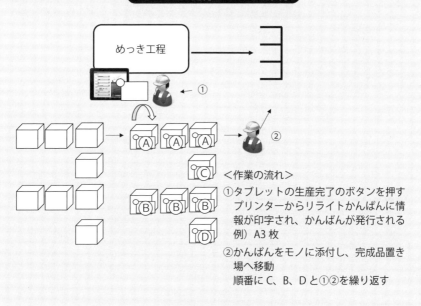

かんばんの発行とモノへの添付

めっき工程

①

C

A A A

B B B

D

②

＜作業の流れ＞

①タブレットの生産完了のボタンを押す
プリンターからリライトかんばんに情報が印字され、かんばんが発行される
例）A3枚

②かんばんをモノに添付し、完成品置き場へ移動
順番にC、B、Dと①②を繰り返す

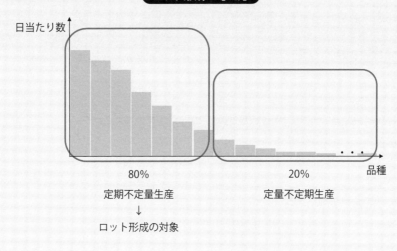

ロット形成の考え方

日当たり数

品種

80%

20%

定期不定量生産
↓
ロット形成の対象

定量不定期生産

3.8 後補充でサプライチェーン 在庫を圧縮する

　現在は、国をまたがってモノを供給するのが当たり前になりました。例えば、タイで生産したモノを日本に供給するような場合です。

　そうするとタイ、輸送途中の在庫（船）、日本の倉庫にモノが滞留することになります。この間の在庫量をトータルでカウントすれば、すぐに数カ月といった日数になります。このサプライチェーンのつくりすぎのムダ、在庫のムダを排除する方法について説明します。

▶ 完成品ストアの見える化と外れかんばんの情報発信

⑴完成品ストアの見える化

　ここでいう完成品ストアとは、日本側で顧客に出荷する直前の完成品の置き場を表します。ここは、前項で説明した完成品ストアで置き場と明示をしっかりしておきます。

⑵外れかんばんの情報発信

　次に、顧客に出荷されるタイミングで指示かんばんが外れます。そして、外れたかんばんを読み取ります。読み取ったタイミングで、前工程の指示としてタイの生産拠点に補充の指示を発信します。完成品ストアの在庫量の計算式は、次ページの図を参考にしてください。

　リードタイムは輸送日数でなく、日本の船着き場からの日数となります。ブレ幅は海外の輸送日数とブレ幅分となります。

▶ 移動ポイントでの入出庫実績収集と在庫のモニタリング

⑴生産拠点からの出荷

　日本からの外れかんばんが来たら、生産拠点では輸出用置き場に順番にモノを移動します。ABACと外れた場合、生産拠点の完成品置き場からABACの順番で、輸出用置き場にモノを移動します。

　なぜかというと、輸出は週1回が一般的になります。輸出用置き場に置いた時点で、それはすでに売れたモノと見なし、前工程は外れかんばんで生産に着手しなければなりません。そうしないと、補充が追いつかないからです。

サプライチェーン在庫とは？

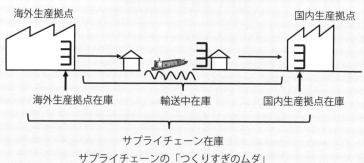

サプライチェーン在庫
サプライチェーンの「つくりすぎのムダ」
「在庫のムダ」を排除することが重要

国内生産拠点在庫の管理

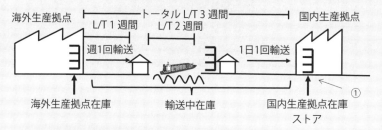

①国内生産拠点在庫をまずストア化する

　そして必要な在庫を確保する
　在庫日数＝輸送L/T日数＋振れ幅×トータルL/T
　上記例の場合、振れ幅は１０％とすると
　在庫日数＝１日＋0.1×15日＝2.5日

(2)輸出用置き場の物を輸送

輸出用置き場に置かれたモノを船着き場に輸送します。この時点で、生産拠点から出荷した実績入力を行います。

(3)輸送状況を把握

タイの港から出たタイミングで情報をもらい、実績入力して輸送中とします。そして、日本の港に着いたタイミングで情報をもらい、実績入力して港着とします。日本の拠点に来たタイミングで入力して、日本の倉庫の在庫となります。

(4)サプライチェーン在庫のモニタリング

(1)、(2)、(3)で拠点ごとの入出庫の情報からタイの生産拠点、輸送中、日本の倉庫の在庫を横並びで確認できるようにします。上記の対応により、売れた分を補充することで在庫低減が図れます。

　この方法は近隣の車でモノが運べる拠点間での物流で行っている、後補充生産の手法を船や鉄道を活用した海外物流に適用したものです。

　後補充生産は近い拠点でしか実現できず、距離が長くなればなるほど、季節変動が多ければ多いほど、適用できないという妄想があります。

　現に海外物流でこの手法を実現したために、今まで月間内示で海外への正式発注をしていた企業の在庫が数カ月分削減された、という効果が出ています。月間内示で生産手配をすると、海外流通在庫が見えていないことも多く、海外流通在庫を加味しないで内示数に安全を見た値を追加して手配するため、内示数＋海外流通在庫＋安全在庫という形で在庫がどんどん上積みされます。それでも、内示以上にモノが売れた場合は欠品が当たり前のように発生するため、航空便で飛ばすなど、追加の多大なコストがかかるのです。

国内生産拠点出荷〜海外拠点への後補充の流れ

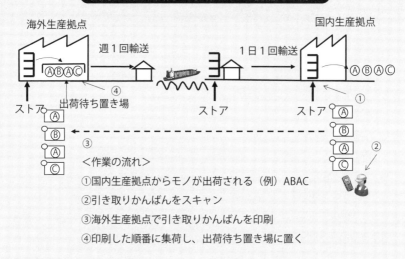

<作業の流れ>
①国内生産拠点からモノが出荷される（例）ABAC
②引き取りかんばんをスキャン
③海外生産拠点で引き取りかんばんを印刷
④印刷した順番に集荷し、出荷待ち置き場に置く

サプライチェーン在庫モニタリング

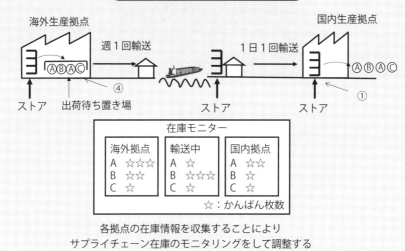

各拠点の在庫情報を収集することにより
サプライチェーン在庫のモニタリングをして調整する

3.9 在庫削減のポイントについてまとめる

　これまで「つくりすぎのムダ」「在庫のムダ」排除に対して、在庫を削減するポイントを説明してきました。ここでは本章のまとめとして、今までの現場管理から進化する点やそのために工夫した点について言及します。

▶ 従来の現場管理からの進化点

　従来の現場管理から進化した点については次の通りです

⑴現場の在庫の実態がよりリアルタイムに精度高く把握できる

　重量センサーやICタグの活用により、在庫の実態がリアルタイムに把握できるため、余剰在庫や欠品在庫の早期発見と対処につなげることができます。

⑵在庫可視化の範囲が製品、部材だけでなく、仕掛品に広がる

　仕掛在庫については現場任せで棚卸ししなければわからないことが多いが、仕掛在庫についても⑴の応用により、実際の在庫がリアルタイムに精度高く把握できるようになります。これに対しても、余剰在庫や欠品在庫の早期発見と対処につなげることができます。

⑶データインプットやかんばんの取り回しの業務が効率化される

　センサーやICタグなどの活用により、一貫作業でデータインプットされるまたはかんばんの出し入れを極力減らすことができるため、それに関わる業務が効率化され、現場作業や管理業務により集中することができます。従来はここに余分な人員を割り当てられないことで、忙しいとデータインプットがいい加減になり、定着しにくかった点があります。

⑷月中の計画数の変更や日中の生産順序の変更管理が効率化される

　よりリアルタイムに在庫が精度よく把握でき、システム利用により計画の変更が迅速にできるようになることで、月中の計画数の変更や日中の生産順序の変更管理が余裕を持ってできるようになります。

⑸海外調達在庫の圧縮ができる

　電子かんばんや海外流通在庫を液晶モニターなどで見えるようにすることで、外れた分を補充する後補充生産が実現でき、海外調達在庫の圧縮につながります。

従来の現場管理からの進化点

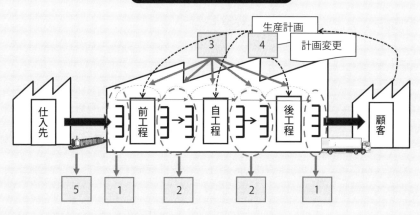

1．製品、部材の余剰在庫や欠品在庫の早期発見と対処可能
2．在庫可視化の範囲が仕掛品に広がる
3．データインプットやかんばんの取り回しの業務の効率化
4．月中の計画数の変更や日中の生産順序の変更管理の効率化
5．海外調達在庫を圧縮

特に昨今は、海外物流が盛んになっています。船での輸送が中心であることから、短くても約10日、長いと20日以上は船の上にモノが格納されています。これからは「倉庫と走庫の両方を管理しなければならない」と大手製造業の担当者からも聞きました。まさに船の中にあるモノは"走庫"と言えます。

この在庫が見えていない製造企業は少なくないのではないでしょうか。このように距離の離れた拠点間のモノの流れを把握するには、ITやIoTの活用は欠かせません。

▶ 在庫削減のために工夫したポイント

この効果を得るために、従来から工夫した点について次にまとめます。

(1)データインプット作業の効率化

センサーやICタグを活用することにより、従来は紙に記入して事務所のパソコンに入力するようなデータインプット作業が減り、作業者が作業中に行えるようになります。

(2)明示変更の効率化

棚番の印字やかんばんの印刷は、レイアウトを変更するたびに行う必要がありました。今後は電子ペーパーやリライトかんばん、ICタグを活用することにより、書き換え作業がシステムの変更で一括で行えます。したがって、従来の紙を何千枚も印刷してケースに保管し、現場に配置するような作業を軽減できます。

(3)制御システムと生産管理のシステムの融合

センサーやICタグなどを活用して在庫をよりリアルタイムに収集することができるため、そのデータを生産管理システムと連携して計画変更や補充部品の手配につなげれるようになります。

今までは、現場のコントロールはMESやFAと呼ばれる制御システムを使用し、計画立案や手配、指示などの管理については生産管理システムを利用することで、情報の連携が上手くできませんでした。

本章ではかなりのページを使用して、在庫削減のポイントの説明をさせていただきました。「7つのムダ」排除のためにまず取り組むべき課題は、つくりすぎのムダと在庫のムダです。他のムダ排除も当然必要ですし、一緒に取り組むことも多々ありますが、このムダを排除していくと大きな効果が見込めます。

在庫削減のために工夫したポイント

1. データインプット作業の効率化

センサーや IC タグの活用によりデータインプット作業を軽減

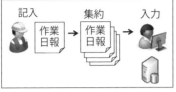
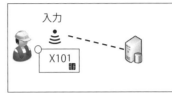

2. 明示変更の効率化

電子ペーパー、リライトかんばん、IC タグの活用により
レイアウト変更時の棚番やかんばんの書き換えを一括で実施

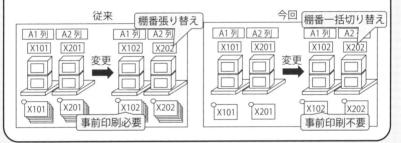

3. 制御システムと生産管理のシステムの融合

センサーや IC タグの活用で現場発生時点で収集した情報を、
生産管理システムと連携することにより、計画変更や補充部品手配
の迅速化を図る

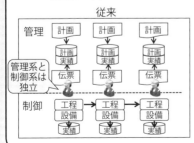
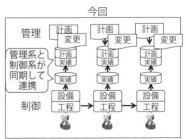

Column 打ち切りタイミングがよくわからない

　打ち切り管理で悩んでいるという話をよく聞きます。家電業界は一気にモノを生産して在庫にする傾向がありますが、自動車業界は打ち切りタイミングを迎え生産量を減らしていき、量産終了とします。1次下請けや2次下請けとなると、中間に在庫を保有しているためタイミングが不明確になっていきます。

　例えば車種が打ち切りになり、ある部品の打ち切り連絡はA社から来ましたが、同じ車種の別部品を取引しているB社からは直近になってからしか連絡されず、余分な在庫を抱えてしまったということは少なからずあります。

　原因は、部品の現品票を見ただけでは、どの車種のどの部品かわかりにくいことが多いからです。その道20年以上のベテランは、暗号のような番号体系を見て、これはどの車種の何の部品かを言い当てます。しかし、作業者や工場長はそこまで意識していません。現品票を見ただけで車種やどの部品か特定ができれば、山のように在庫が積まれていることで、それが問題であると気づきやすいはずです。

　このようなことは単純なカイゼンにより実現できますが、明示するのが面倒でなされないことが多いようです。苦労をするなら一気にやって、後は楽できる方が理想ではないでしょうか？

あ、そうだったんだ

第4章

生産性・
可動率を上げる
（運搬・手待ちのムダ）

4.1 | 運搬における 管理のポイントとは？

　前述しましたが、日本の現場で最近よく聞くのは、新規モデルの立ち上げや他工場や仕入先からの移管などにより、増産になるとスペースの限られた現場で製造しなければならず、部品や製品を置く場所がとれないために長い経路でモノを運んでいます。

　レイアウト変更の際に在庫や金型、治工具のスペースも含めて確保できるか、運搬ルートが最適かのシミュレーションが不足していることが原因として挙げられます。

▶ 運搬における管理のポイントは2つ

　ここでは、運搬における管理のポイントについて説明します。

(1)倉庫、工程の運搬経路を分析する

　まず倉庫や工程では、人がフォークリフトやAGVなどの搬送設備でモノを運びます。このモノを運ぶ経路が複雑でないか、余分な距離を運搬していないか人、モノ、搬送設備に位置がわかるセンサーを設置して経路の情報を収集します。その結果を分析して、複雑な経路や余分な距離を運搬していることが判明すれば、そこを改善します。

(2)工場におけるレイアウトを分析する

　工場は内外製の変更や新規製品の立ち上げや、モデルチェンジに伴い、定期的にレイアウトが変更されます。その際に実際のレイアウトの把握が困難になっているため、変更後に空きスペースが足りないなどという話になります。

　3Dスキャナーやカメラで工場の画像を撮影することにより寸法を算出し、実態のレイアウトの把握ができます。現状のレイアウトを把握することにより、変更後の最適なレイアウトを作成します。

▶ 運搬における管理の対象について

　運搬における管理の対象物について説明します。

(1)構内製品倉庫、外部倉庫

　まず、製品を保管している工場の製品倉庫や外部倉庫が対象となります。こ

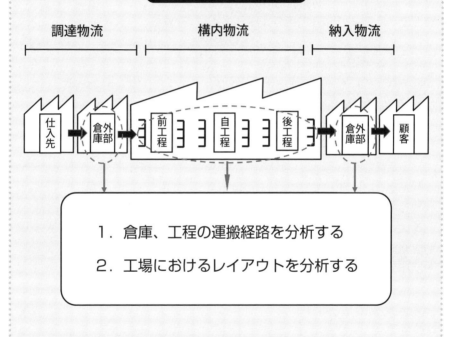

運搬における管理のポイント

調達物流　　　　　　構内物流　　　　　　納入物流

1．倉庫、工程の運搬経路を分析する

2．工場におけるレイアウトを分析する

こでは人やフォークリフトなどの搬送設備でモノを運搬しているため、それらの位置を把握するセンサーをつけて経路の情報を収集します。

　本来はモノの置き場と出入り口で頻繁に動作するはずですが、人やフォークリフトが動いていない時間が意外に多いケースがあります。このとき経路の分析とあわせて、計画したタクトタイムで稼働しているかの分析も行います。

　人やフォークリフトがあまり動いていないのであれば、そもそも倉庫の必要性があるかも含め、人員数を減らすほか在庫を持つ量を見直すなどの対応も必要です。

⑵工場内の工程間、部品置き場

　こちらは仕掛品や部品を、置き場から水すましと呼ばれる人が台車などで運搬したり、AGVの搬送設備を使用して自動で運搬したりします。そして、人に持たせたセンサーで経路の情報を収集します。AGVについては、障害物に当たることや路線をうまく渡れないことで、異常として停止する場合があります。それ以外にも、モノがあまり流れず停止していることがあります。そこで、停止回数や停止時間を収集して設備稼働を分析します。

　AGVについて補足すると、設備投資をする際に想定したレイアウトをもとに、数年間の償却期間で投資対効果の測定を行います。ところが、工程のレイアウト変更は1年ごとに行われることが多いため、投資した直後からレイアウト変更を受け、同じ構内の生産から階をまたいでの生産に変更されたり、別工場に移管されたりすることがたびたび発生します。

　経営者からも、「AGVへの投資は本当に回収できているのか？」という声が盛んに聞こえてきます。またAGVは移動がしやすいため、勝手に他工場へ移管の際に持っていき、気がつくと現場にないということもあり、AGVの置き場や稼働時間の管理は重要になります。根本的には安易にAGVを利用しない方がよいと考えています。

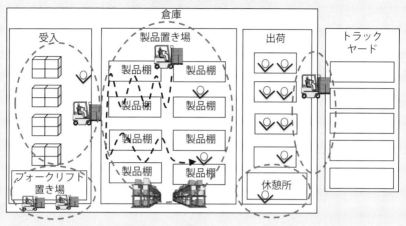

人やフォークリフトなどを使用して運搬をしている
経路や稼働状況を位置センサーで把握する

工場内の工程間、部品置き場

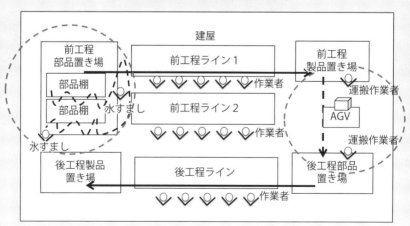

水すましや AGV で運搬をしている経路や
稼働状況を位置センサーで把握する

4.2 運搬経路を分析して 運搬のムダを排除する

位置センサーによる運搬経路分析のポイントについて、具体的に説明します。大きく3つに分けて解説できます。

▶ 人による運搬の経路分析のポイント

(1)人に位置センサーを持たせる

人のIDカードにRFIDのタグをつけたり、ビーコンのような位置センサーを持たせたりします。

(2)天井に位置情報収集センサーをつける

天井に一定区画で位置情報収集センサーをつけます。こうすることにより、人に持たせたセンサーの位置情報を把握することができます。センサーの精度によっては、金属の近くは反応しなかったり、光に反射して精度が悪かったりすることがあるため、取り付け方によっては収集できない場所が発生するなど注意が必要です。ただし、センサーの改良はどんどん進んでいるため積極的に活用を検討するとよいでしょう。

(3)運搬経路の情報を収集する

人にセンサーを持たせて運搬作業を行っていると、人ごとの位置情報をセンサーが収集します。

(4)運搬経路の情報を分析する

一定時間収集した情報を見ると、まず経路通りに運搬しているかどうかを把握することができます。その結果、思っていたよりも遠回りをし、想定していた時間で運搬できていない、などということが見えてきます。運搬上で非効率な箇所が特定できたら、なぜなぜ分析を用いて原因を追究し、改善を図ることにつなげていきましょう。

人の運搬の経路分析

1．人に位置センサーを持たせる

```
社員番号  ▦
170001
IDカード
```

または

ビーコン ((•))

2．天井に位置センサーを取り付ける

無線位置センサー

3．運搬経路の情報を収集する

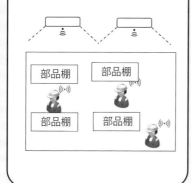

部品棚　部品棚
部品棚　部品棚

4．運搬経路の情報を分析する

理想的な動き　ムダな動き

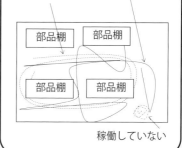

部品棚　部品棚
部品棚　部品棚

稼働していない

▶ AGVによる運搬の経路分析のポイント

①AGVへの対処

AGVにセンサーを取り付けます。

②天井への対処

天井に一定区画で位置情報収集センサーを取り付けます。

③運搬経路の情報を収集する

AGVの動きをセンサーから収集します。

④AGVの動きを分析します。

分析の観点は次の通りです。

○AGVが想定通り稼働しているか？

○運搬経路は適切か？

○どの経路にAGVが設置されているか？（所在管理）

AGVは移動させやすいため、レイアウト変更しても位置をすぐに特定できるのが利点です。

▶ フォークリフトによる運搬の経路分析のポイント

①フォークリフトへの対処

フォークリフトにセンサーを取り付けます。

②天井への対処

天井に一定区画で位置情報収集センサーを付けます。

③運搬経路の情報を収集する

フォークリフトの動きをセンサーから収集します。

④フォークリフトの動きを分析します。

分析の観点は次の通りです。

○フォークリフトが動いているか？

○運搬経路は適切か？

○運搬時間は正しいか？　スピードの出しすぎや停滞はないか？

AGV の運搬の経路分析

1．AGV にセンサーを設置

3．運搬経路の情報を収集する

部品置き場 → 工程
　　　　AGV ((•))

工程 ← 部品置き場
((•)) AGV

2．天井にセンサーを設置

4．運搬経路の情報を分析する

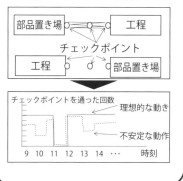

部品置き場 —○—○— 工程
　　　チェックポイント
工程 ○　○　○ 部品置き場

チェックポイントを通った回数
← 理想的な動き
← 不安定な動作

9 10 11 12 13 14 … 時刻

フォークリフトの運搬の経路分析

1．フォークリフトにセンサーを設置

3．運搬経路の情報を収集する

ピッキング

リフト置き場

2．天井にセンサーを設置

4．運搬経路の情報を分析する

動きにムダがないか？

ピッキング

リフト置き場

稼働時間（または 停止時間 停止回数）

9 10 11 12 13 14 … 時刻

稼働が安定しているか？

　工場レイアウトはたびたび変更となります。内外製の変更や新製品、モデルチェンジによるレイアウト変更の際に、現状のレイアウトが正しく把握できていないケースがあり、変更のシミュレーションが十分にできないケースがあります。その対策として、3Dスキャナーやカメラによる工場レイアウトシミュレーションについて説明します。

▶ 工場レイアウトのシミュレーションがなぜ必要か？

　製造現場では定期的に、「新製品が立ち上がる」「設計変更により作業とつくるモノが変わる」といった変化が起こります。その都度、工程のレイアウトだけでなく金型の種類や在庫が増え、置き場が足りなくなります。変更がかかるのは事前にわかっていても、工程レイアウト図面を常に最新化していないことが多く、レイアウト変更の際にスペースが足りなくて軒下にモノや金型を置くことが少なからず発生します。そこでレイアウトの最新状態がすぐに把握できることにより、レイアウト変更に迅速に対応することが求められています。

▶ 工場レイアウトのシミュレーションとは？

　3Dスキャナーやカメラで、工場の上から一定間隔で現場を撮影します。

　撮影後に解析ソフトで画像を貼り合わせることで、工場全体のレイアウトを見える化します。

　その際に寸法についても算出することができるため、設備が配置されている工程の区画やラインの幅だけでなく、モノが実際に置かれている置き場の区画や金型、治具が空きスペースに置かれていると、その区画も計測することができます。

▶ 工場レイアウトの管理のポイントとは？

　工場レイアウトを管理する際のポイントは次の通りです。

　①モノの流れに合った工程レイアウトになっているか？

　部品置き場→前工程→自工程→後工程といった流れになっているか？

工場レイアウトのシミュレーション

1．3D スキャナーを使用して工場内の測量を実施する

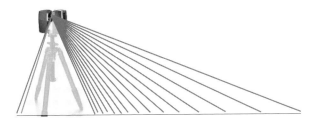

2．3D データ変換を実施し、工場内レイアウトを作成する

工程間の距離は適切か？

②置き場のスペースは適切か？

部品置き場、工程完成品置き場、完成品置き場にモノが置かれているか？

置き場スペースを異常に取りすぎていないか？

③金型、治工具の置き場が適切か？

金型、治工具が所定の置き場に置かれているか？

　よくあるのが、自工程と後工程の間に外注工程をはさんでいることがあります。外注工程が、めっきや熱処理などの専用設備を使用するのであれば仕方がありません。しかし、単純な人による加工作業の場合は、余分に在庫を増やしリードタイムを長くすることになるため、場内外注化の検討が必要です。

　例としては、製品を個袋に入れるまでは工程内設備を使って実施しますが、外装袋に数個をまとめた荷詰め作業は何十分も離れた外注先に持って行って作業を行います。他にもめっきや刻印は社内の専用設備で行いますが、最後の外観検査は同様に何十分も離れた外注先で実施しています。

　こうすると自社の工程完了場所、輸送中、外注先、輸送中、自社の後工程の前場所などにモノが滞留します。人件費だけを見て不用意に外注工程にするのは、つくりすぎのムダや在庫のムダにつながるのです。

　他にも完成品や部品については、多品種少量化に伴い確保する置き場の品種が多くなるため、置き場の幅は横に広くなります。少量品の在庫数は少量であることから、奥行きは狭くなります。少量品の在庫量をうまくコントロールできていないと、一律3台車というような形で確保するため、置き場面積が広くなります。この点も工夫するポイントとなります。

　一番問題となっているのは金型点数が多くなり、金型が占有する面積を多くとられることです。このとき、金型を平置きして上に積むような対応をして、置き場面積を工夫している例もあります。ところが、こうすると金型を出す際に他のモノを避ける対応が必要になり、外段取り作業が不安定になります。どうしても管理点数が多い場合は、自動倉庫などを活用して置き場スペースを確保する方法は有効と考えます。

工場レイアウト管理のポイント

1. モノの流れに合った工程レイアウトになっているか？
   部品置き場→前工程→自工程→後工程といった流れになっているか？
   工程間の距離は適切か？

2. 置き場のスペースは適切か？
   部品置き場、工程完成品置き場、完成品置き場にモノが置かれているか？
   置き場スペースを異常に取りすぎていないか？

3. 金型、治工具の置き場が適切か？
   金型、治工具が所定の置き場に置かれているか？

モノの流れ

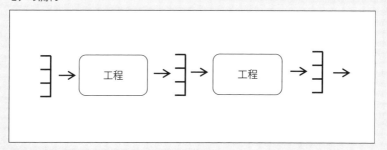

実際のレイアウト

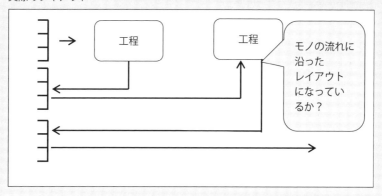

4.4 誤品納入を防止する外段取り改善

　これまでは運搬の話をしてきましたが、ここでは視点を変えて外段取り作業の改善方法について説明します。

▶ 外段取り作業は最適か?

　外段取り作業は、工程内の作業を効率化するために段取り替え作業を工程内作業者とは別に用意し、設備をできる限り止めずに可動率を上げる目的で行います。外段取り作業は次の2つがよく該当します。

　①金型、治具を置き場から工程に出し入れする

　②組付部品を間違えないよう、つける順番に並べて準備する

　①については部品の対応期間が長期化しているため、金型や治具の管理点数が多くなり、置き場を工程の近くに確保できず探して持ってくるのに時間を要し、熟練作業者にしかわからないというケースがあります。

　実際に、治具の置き場は設けていましたが、出し入れを繰り返すうちに元の場所に戻さず、生産量が飛躍的に増えたため治具数を増やすと置き場がなくなり、これを段取り作業者任せにしたことがありました。その作業者が休日で不在になると、何と6人がかりで治具を探し回ったそうです。

　②については、誤組付を防止するために色違いなど、似たような部品を組付作業者が間違わないよう、外段取り作業者が事前に使う順番に並べるなどの対応をとります。具体的には四角い枠の中など部品を取り付ける場所に外段取り作業者が事前に正しい部品をセットをします。きちんと枠の上に置くことでずれを防ぐなど、置きやすいように工夫しています。部品を置く枠を「カセット」と呼んだり、いろいろな部品を弁当箱の上に置くことにちなんで「幕の内」と命名したりしていました。

　いくらポカミスを防止するとは言え、そのために当初は予定していなかった要員が外段取りに必要になると、工数増になってしまいます。上記のように、人に頼った管理を防ぐための管理ポイントについて次に説明します。

外段取り作業とは？

外段取り作業は工程内の作業を効率化するために、段取り替え作業を
工程内作業者とは別に用意し、設備をできる限り止めずに
可動率を上げる目的で行う

①金型、治具を置き場から工程に出し入れする

②組付部品を間違えないようにつける順番に並べて準備する

外段取りの課題

1. 金型、治具の段取りが安定しない

置き場スペースがない

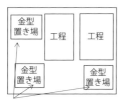

置き場スペースがないため、
所在がわかりにくい

2. 外段取りに余分な工数がかかる

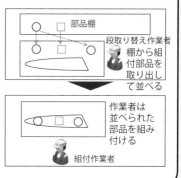

▶ 金型、治具の管理のポイント

金型や治具にRFIDタグをつけておきます。このタグは金属につけるため、読み取り精度が悪くなったり、汚れや温度への耐久性を考慮したりして、セラミックのセンサーを取り付けます。鋼材を溶解する工程で使用する場合、溶解炉の近辺は炎が舞って1,000℃を超えますが、金型の周りは500℃以下になり、セラミック製のセンサーでも十分対応が可能です。

金型を出したり戻したりする際に、リーダーで読んで位置情報を把握します。リーダーも天井の無線ではなく、ハンディータイプを使用します。この情報を収集しておけば金型の置き場がわかるため、広い工場の敷地内を探し回ることはなくなります。

▶ 部品を正しく取り出す方法

具体的なイメージについては、次のページの図を参照してください。ここでの管理のポイントは、作業する際にまずかんばんを読み取ります。

次に使用する部品のライトが点灯するので、そこから部品を取り出します。部品を取り出す順序にライトが点灯し、1つ部品を取り出して取り付けると、次の部品のライトが点灯するような仕掛けで、作業者が間違いなく部品を組み付けることが可能になります。

万が一、違う場所から部品を取り出すと、タブレットのモニターにエラーが表示されます。ポカミスを防ぐため、品質保証プロセスを強化することにつながるだけでなく、外段取り作業者や、作業の場所も不要となることで、外段取り要員の省人化とスペースの効率化、リードタイムの短縮など効果は絶大です。

最後に、誤組付防止のための金型について補足説明をします。鋳造工程になると、金型も汎用型と専用型を部位ごとに組み合わせて、1つの金型を形成します。複雑な形状でかつ似たようなものになるため、万が一間違えないように金型を設備に組み込む際、金型の番号を読み取って生産する品番と照合し、間違えがあればブザーを鳴らすようにします。素材加工の工程は、金型に配慮した管理を行うことが重要です。

金型、治具管理のポイント

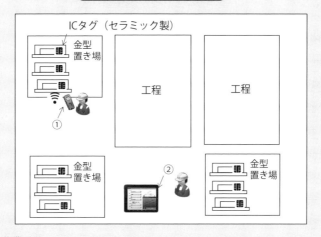

ICタグ（セラミック製）

金型置き場

工程

工程

金型置き場

①

②

金型置き場

<作業手順>
①金型を出し入れする際に IC タグから金型 ID と明示から番地を読む
②タブレットで必要な金型の置き場を確認し、工程に運ぶ

組付の段取り改善

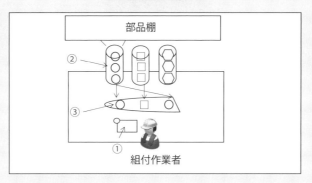

部品棚

②

③

①

組付作業者

<作業手順>

①かんばんをリーダーで読ませる
②取り出す部品の棚が光る
③部品を取り出して組み付ける

Column 町工場における世代交代の悩み

　最近は町工場の世代交代の悩みを耳にすることが増えました。業界用語で「とっちゃん、かあちゃん」と呼ばれる、10人程度で家族を中心にしている町工場のことを指します。日本の大手製造業は、このような町工場に支えられて高品質のモノを低価格で調達することにより、競争力を確保してきました。

　今は若者のモノづくり離れが増えています。話を聞けば年中ほとんど休みなく、熱い日も寒い日も夜を徹して働き続ける親の姿を見てきたから、休みもしっかりとれて収入も安定しているサービス業を選択すると答えます。親から頼まれて引き継いだ友人は、「定時までしか働かない」「客先に行くときはシャワーを浴び、作業着からスーツに着替えて訪問する」とマイペースな対応を貫いています。

　逆に一流大学を卒業したにもかかわらず親の企業を引き継ぎ、生産管理の手法を学び自ら率先して現場に赴き、現場のムダを徹底的にカイゼンして、健康ブームの潮流に乗って飛躍する2代目経営者もいます。

　私は町工場がなくなっていくのは寂しく感じますが、今の情報化社会のメリットをしっかり活かして飛躍する2代目経営者が出てきている姿を見て、日本のモノづくりは十分残っていけると確信しています。お客様に喜ばれる商品やサービスを提供したい、と感じてくれる経営者を心から応援していくつもりです。

第 5 章

品質向上＋品質強化
（不良・加工そのもののムダ）

　各工程での品質を向上するとともにトレーサビリティを強化するためには、不良・加工そのもののムダ排除に取り組む必要があります。本章では、検査工程の精度向上やモノを加工する際の温度、圧力など良品製造条件のコントロールに、IoTを活用するポイントを説明します。まず、最新技術により検査工程をカイゼンする要点から説明します。

▶ 最新技術で検査工程が変わる

　前項でも取り上げましたが、検査に対しては属人的やり方をとることが一般的です。外観検査は全品検査を行いますが、目視による人でのチェックが主流です。したがって後工程に不良が混入すると、複数の人間によるダブルチェックやトリプルチェックを実施し、人に頼る方法でこなしているのが実情です。また、寸法測定などは計測に時間がかかり、抜き取り検査が一般的になっています。

　それが、ここへきて注目される最新技術を活用することで、目視検査を自動化して精度を上げるほか、寸法の自動計測による全品検査が可能となっています。最近は、カメラの普及とともに低価格かつ高性能なものが使用可能になり、外観検査などへの適用例が増えています。寸法測定についても、レーザー光や3Dスキャナーを利用して自動計測できる手段が増えています。

　人間が計測器を持って寸法項目を測定すると何分、何十分とかかっていた作業が、数十秒で行えるようになります。その結果、検査工程がネック工程にならなくなります。画像データを解析するコンピューターの性能も同様に良くなっており、工程作業の一貫した流れの中で検査を行うことが実現してきています。このような便利な道具を積極的に活用しない手はありません。

▶ 検査工程への最新技術の種類について

　ここでは検査工程に使用する最新技術と処理の流れについて説明します。

　固定カメラを使用した画像検査は現在主流になりつつあり、最も低価格で実現が可能です。数千円程度のカメラを設置し、固定した治具にワークを置いて

最新技術による検査のポイント

従来

1. 外観検査は目視による人手のチェック
   ダブルチェック、トリプルチェックでの品質確保

2. 寸法測定は抜き取り検査が一般的

画像検査の活用

1. 外観検査を自動化

2. 寸法測定も全品検査が可能

従来

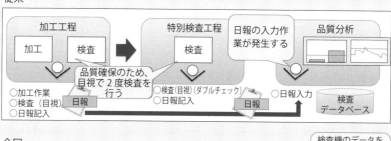

今回

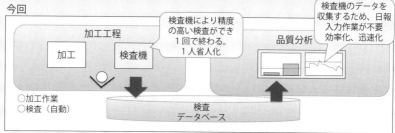

画像を撮影します。良品のマスター画像と比較し、検査するポイントの形状や色を見て、キズなどの外観上の不良や部品の組付不良、色違いなどのポカミスを検査するのに使用します。次の手順で一連の処理が行われます。

①低価格カメラを撮影範囲に設置

次に開始ボタン、バーコード・リーダー（かんばん読取用）、パソコンを設置します。カメラは光の当て方がポイントになりますので注意してください。

②検査ポイントをソフトウェアに設定

検査する箇所すべてにマーキングを行い、判定方法を設定しておきます。

③検査を実施

検査工程に検査ワークを置き、開始ボタンを押します。かんばんのバーコードを読み込むと、対象の品番（または短縮番号）のマスター画像と比較します。

④画像情報と検査判定結果を記録

すべての検査結果がOKであれば、良品として後工程に流します。不良箇所が1つでもあった場合は手直しなどの判断を行います。

検査結果として、ロットNo.ごとに検査画像と判定結果の情報を記録します。この結果は後の章で説明するロットトレーシングに利用します。

他にも、「レーザー光を使用した画像検査」や「3DCADや3Dスキャナーの活用」などの方法があります。各工程での活用例については次項で説明します。

画像検査で「本当に省人化が図れるか？」という話をよく聞きます。いくらサイクルタイムが短くなっても、人が工程から完全に外れなければ意味がないのではないかという主張です。

例えば内装工程において、組付工程の部品の付け忘れや付け間違いを検査する箇所で、画像検査機を導入したところサイクルタイムが従来は30秒かかっていたものが、何と1秒まで減りました。検査精度も属人化せず、誰でも精度の高い検査ができるようになったのです。

画像検査に導入した費用は、年間人件費1人分の何分の1程度で済みました。こうなると、こんな便利なモノはどんどん使おうと現場主導で普及したそうです。何事もまずはやってみることが大事です。

画像検査の流れ

固定カメラによる画像検査

1. 低価格カメラを撮影範囲に
   設置

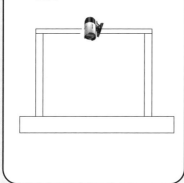

2. 検査するポイントを
   ソフトウェアに設定

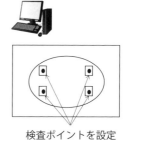

検査ポイントを設定

3. 検査を実施

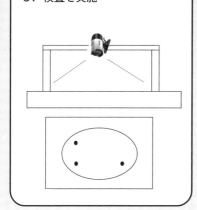

4. 画像情報と検査判定結果を
   記録

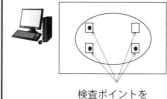

検査ポイントを
マスター画像と比較

検査結果　NG　3/4

5.2 工業製品の検査工程活用例 (外観検査、組付不良、寸法測定)

まず、外観検査のポイントについて説明します。

(1)カメラの活用

この検査は主に、表面上の欠陥（汚れや錆など）を検知するのに利用されます。固定カメラで画像検査を行う手順については前項で説明しました。ここでは、マスター画像と比較する際の方法について述べます。

①パターン判定

比較する場所に対して、形状が同じか判定をします。

②面積色判定

面積の色合いが同じか判定をします。

(2)レーザー光の活用

この方式は形状変化を伴う欠陥（欠肉、型ズレ、バリ、打痕）に利用されます。3次元形状測定の原理として「三画測量法」「焦点法」「Time of Flight法」などがあります。

▶ライン上で移動するモノに対して適用する際の注意点

ラインに流れているモノを検査する際の注意点を説明します。まず、ラインのタクトタイム＞検査工程のサイクルタイムであることが前提です。例えば、ラインタクトが60秒では、1個当たり60秒で検査工程の区画をモノが通ります。その間にカメラで画像を撮って比較し、結果を出す必要があります。検査工程にモノがすべて入る位置にカメラを設置します。

▶外観検査に機械学習機能のソフトウェアを活用する

これは良品画像を数百〜数千枚あらかじめ読ませておき、ワーク画像との違いを認識させます。上記のパターン判定、面積色判定は論理的なアルゴリズムによる検知となりますが、機械学習については官能検査（人の五感に頼る検査）に精度を確保することができる点が異なります。

画像検査の目的：表面上の欠陥（汚れや錆など）を検知するのに利用

マスター画像との比較方法

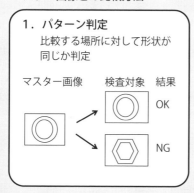

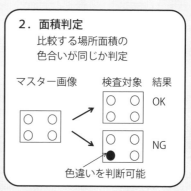

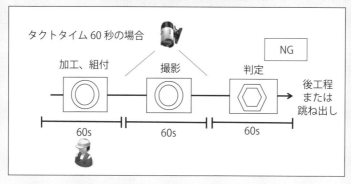

タクトタイムの範囲内で「撮影」→「判定」→「NGの跳ね出し」が
可能なように工程をつくる

▶ 組付不良防止のポイント

　組付作業は、人による作業が中心となります。例えばメイン部品にクリップなど小物部品を取り付けるような作業です。したがって、取り付ける場所や向きが異なるほか、取り付ける部品が異なるなどの不良の発生が考えられます。外観検査で説明したパターン判定や色判定を行うことで、「向きや部品形状の違い」「部品の組付忘れ」「色違い」などを検知できます。

▶ 寸法測定上のポイント

　溶接、鍛造、鋳造、熱処理、切削など多岐にわたる工程で加工したものの寸法精度が正しいか測定をする必要があります。ここで3DCADと3Dスキャナーの活用例について説明をします。

　①3Dスキャナーを設置

　ワークの検査箇所がひと通り撮影できるような位置に設置します。

　②3DCADの準備

　マスター画像として3DCADデータを準備しておきます。

　③検査の実施

　スキャナーでワークを読み取り、画像から寸法を割り出して3DCADの画像と比較します。公差内であれば良品となりますが、公差外の場合は不良として手直しなどの判断をします。

　あくまで3DCADの精度が正しいことが前提となるため、その点を理解した上で利用していただく必要があります。従来は人が目視で検査する方法を取っていましたが、この方法により検査工程で良品の確保ができることで、後工程や外注工程でさらに検査を行うことが不要になります。

　この方法を始める当初は、不良と判定する際の閾値の設定ポイントを厳しく設定します。そのために良品でも微妙なモノは、いったんNGとして跳ね出し、人が見て判断します。何度か繰り返すうちに、閾値の設定を適正に調整することで良品、不良品の判定が妥当になっていきます。

画像検査による寸法測定のポイント

1．3D スキャナーを設置

2．3DCAD 画像を用意

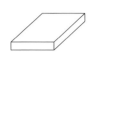

3．検査を実施

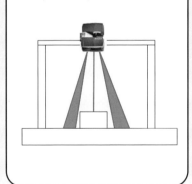

4．検査結果

マスター画像　　　　検査対象　　結果

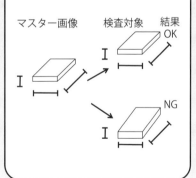

OK

NG

食品製造における異物混入や鮮度管理の問題が頻発したことを契機に、HACCPやISO22000などの品質規格により食の安全を確保する枠組みがどんどん厳格になっています。食品製造過程に問題がないかの保証は、出荷された後も求められます。ここでは、食品などにおける異物混入の防止や鮮度管理のポイントについて説明します。

▶ 異物混入はなぜ防げないのか?

食品製造は人による生産が主になります。そのため、髪の毛や持ち込んだ事務用品から異物が混入したり、必要以上にバタバタ動いた際に近くにある粉類の材料が混入したりすることにつながります。他にも設備の老朽化に伴うパッキン類の混入や、建物の老朽化により外部から虫が混入するようなことも発生します。5Sを徹底し、製造に従事する人が良品を製造し続ける意識を高めることで、異物混入を防止する生産体制が確立できるのです。

ところが、あくまで人が行うため、100%これを防ぐことは不可能です。そこで万が一、異物が混入した際に検知する仕組みづくりが欠かせません。

▶ 異物混入防止のポイント

ここでは異物検知の各種の方法について説明します。

(1)金属探知機の利用

①金属探知機を生産ラインの出口に設置

まず、金属探知機を生産ラインの出口に設置します。ラインのタクトタイムの範囲内で、検知できるようにすることがポイントです。

②生産した製品を金属探知機に通す

生産した製品が金属探知機に通すことにより、金属の検知をします。

③金属が検知されたモノをはね出す。

金属が検知されるとアラームが鳴り、製品が跳ね出されます。

(2)X線利用による異物検知

目に見えにくい異物を検知する方法としてX線の利用があります。

異物混入を防ぐアプローチ

1. 作業者の毛髪、持ち込んだ事務用品から混入する

2. バタバタ動いた際に近くの材料が混入する

3. 設備の老朽化に伴い、パッキン類が混入する

                                        など

▼

5Sの徹底により異物混入を防止する生産体制が確立できる

▼

あくまで人が行うため、100%防ぐことは不可能

金属探知機による異物混入防止例

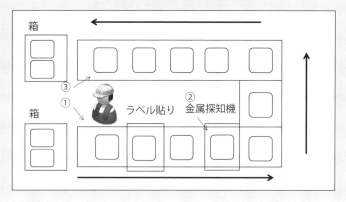

＜作業手順＞
①箱からモノを作業者が取り出す
②ラベル貼りの後、金属探知機で異物混入を確認
③検査後のモノを箱に入れる

①Ｘ線検査機を生産ラインの出口に設置

②生産した製品をＸ線検査機に通す

生産した製品をＸ線検査機に通すことにより、異物の検知をします。同時に検査画像を撮影します。

③異物が検知されたモノを跳ね出す

良品に含まれるモノと異なるモノが検知されると、アラームが鳴って製品が跳ね出されます。

④検査結果を記録

検査結果として、ロットNo.ごとに検査画像と判定結果の情報を記録します。この結果は、後の章で説明するロットトレーシングに利用します。

▶ ハイパースペクトルカメラによる鮮度管理

ハイパースペクトルカメラは成分のスペクトル波形を見ることで、目で見るだけは判定できない鮮度の劣化を検知します。

①ハイパースペクトルカメラを生産ラインの出口に設置

製品が流れるラインにカメラを設置します。

②成分の波形を取得する

生産した製品をラインに流し、ハイパースペクトルカメラで撮影します。生産した製品の画像を撮影し、製品の成分の波形を取得します。

③鮮度異常が検知されたモノを跳ね出す

良品の波形と異なる波形が検知されると、製品をロボットなどでラインから跳ね出します。

④検査結果を記録

検査結果として、ロットNo.ごとに検査画像と判定結果の情報を記録します。この結果は、後の章で説明するロットトレーシングに利用します。

上記の対応をすることにより、顧客からクレームが来た際にその生産した際の画像や検査結果を確認することができ、定量的に顧客に対して説明を行うことが可能となります。

X線検査による異物混入防止例

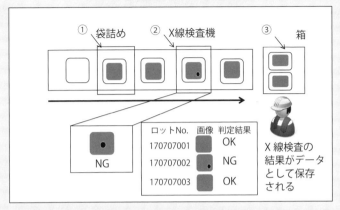

<作業手順>
①前工程で袋詰めをする
②ラベル貼りの後、X線探知機で異物混入を確認
③検査後のモノを箱に入れる

ハイパースペクトルカメラによる鮮度管理

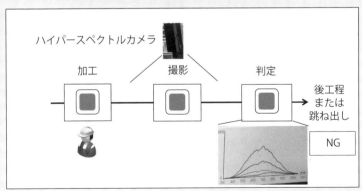

5.4 | 良品製造条件を蓄積し不良予測につなげる

　日々生産する際に、温度や圧力、注入時間など良品を製造するための製造条件をあらかじめ決め、機械に設定することで良品を製造します。ところが、夏や冬などの季節変動により、必ずしもこの条件は一定になりません。そこで、不良が発生し始めると、熟練工が条件を微妙に変更して良品を製造するように是正しています。

▶ 良品の製造条件は本当に正しいのか？

　このような属人的かつアナログ的なやり方を、今後も続けていくことは大変困難な状況です。したがって、誰でも不良が発生しそうな状況を検知し、良品製造を保つことが必要となります。

　自動車業界では特に、世の中の「グローバル化の進展」や「開発期間の短縮」「形状の一体化による大型化、複雑化」といった環境の変化も大きく影響しています。従来は試作を10回程度行い、実際にモノをつくって問題がないか確かめていましたが、今はほとんど試作レスになっています。そうなると、工程を整備してすぐ量産開始に進みます。つまり、問題が出てもリカバリーする期間がほとんどないことになります。

▶ 良品製造条件を蓄積し不良予測につなげる

　このことは、後項で説明するトレーサビリティの強化につながります。製造現場では良品製造条件として、各工程で温度や圧力などの項目を設定して製造を行っています。今まではこの情報を連続で記録できなかったため、抜き取りで紙に記録するにとどめる例が一般的でした。

　しかし、こうした良品製造条件は刻一刻として変化します。したがって、実際の値を時系列で連続して収集・蓄積し、活用する必要があります。例えば生産継続中の状況で、この値をシステムでモニタリングすることにより、閾値を超える場合は現場だけでなく事務所の管理者にもモニターや携帯機器に通知することで、対応を迅速化することに活用します。

　他にも後工程で不良が起こった際に、そのときの製造条件を確認して問題の

良品製造条件とは？

良品製造条件とは？
日々生産する際に良品を製造するため、あらかじめ決めて機械に設定する製造条件。温度、圧力、流量など複数の設定値の組合せから成る

良品製造条件は正しいのか？

夏や冬などの季節変動により、良品製造条件は必ずしも一定にならない

不良が発生し始めると熟練工が条件を微妙に変更し、良品を製造するように是正していることが多い

不良が発生しそうな予兆を検知して良品製造を保つことが必要

良品製造条件例

No.	工程		要求事項	故障モード	故障影響		故障原因	管理方法				危険度
	工程	要素				S		予防	O	検出	D	RPN
1	外輪製作	鋼材受入	鋼材材料規格XX	強度不足	破損	10	異品種混入	供給者監査	2	納品書チェック	2	40
2		鍛造	形状規格XX	成形不良	形状不良	8	加圧機調整不良	加圧器定期保全	2	外観検査（抜取）	4	64
3						8	金型摩耗予知保全	金型定期保全	4	外観検査（抜取）	4	128
4		施削	寸法規格XX	施削不良	寸法不良	5	寸法設定ミス	寸法工程能力cpr≧1.33	2	寸法検査（抜取）	4	40
5					バリ発生	5	施削刃摩耗予知保全	施削刃定期研磨	5	外観検査（抜取）	4	100
6		熱処理	硬度規格XX	硬度不足	破損	10	熱処理温度・時間設定ミス	熱処理炉自動制御	5	熱処理温度連続記録	4	200
20	洗浄		すきま規格XX	洗浄不良	異常音	8	ごみの混入	定期工程パトロール	4	妥当性確認工程内検査	4	128

原因を突き止め、影響範囲の確認や再発防止に役立てることができます。

▶ 良品製造条件収集と異常検知の流れ

⑴各工程にセンサーを設置

各工程にセンサーを設置していきますが、設置のポイントについては次項で説明します。

⑵センサーからデータを収集する

⑴の条件に対して、機械内蔵および外付けセンサーからデータを収集します。

⑶製造条件の異常を検知

⑵のセンサーから、それぞれの製造条件に関わる情報を連続して収集します。基準値を超えたデータが発生したら異常を検知し、設備モニターに表示して設備を停止するとともに、管理事務所のモニターに異常を通知します。他にも検査結果の情報とあわせて蓄積した上で、機械学習ソフトを利用することにより、複合した製造条件から不良品の発生頻度を予測します。そうすることで、季節変動により製造条件の基準値が変化することに伴う不良発生を防ぐことが可能です。

⑷製造条件の再設定

異常による不良の製造を防いだ上で、製造条件を見直して再設定します。センサーの設置については、古い設備を使用していると必要な情報を収集するために外付けで対応する必要が生じます。現在はセンサー類が低価格化・高度化してきており、従来の設備ではできなかった各種センシングも可能となります。ただし、良品製造条件を得るための情報収集は精度が求められるため、あまり古い設備の場合は逆にコスト高になる場合があります。

できれば、新しい工程づくりや新規設備導入の際に、良品製造条件を整備して導入することが望ましいと考えます。

良品製造条件収集と異常検知の流れ

1．各工程の設備にセンサーを設置

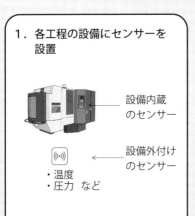

設備内蔵
のセンサー

設備外付け
のセンサー

・温度
・圧力　など

2．センサーからデータを収集

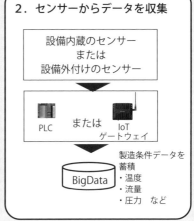

設備内蔵のセンサー
または
設備外付けのセンサー

PLC　　または　　IoT
　　　　　　　　ゲートウェイ

製造条件データを
蓄積
BigData
・温度
・流量
・圧力　など

3．製造条件の異常を検知

日付	時刻	TH1
2017/6/16	06:17.9	27.5
2017/6/16	06:19.8	28.3
2017/6/16	06:20.7	28.2
2017/6/16	06:21.6	27.7
2017/6/16	06:22.5	27.4
2017/6/16	06:23.4	27.3
2017/6/16	06:24.3	27.2
2017/6/16	06:25.2	27.2

BigData

異常を検知し通知する。　異常

4．製造条件の再設定

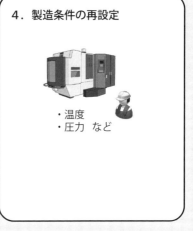

・温度
・圧力　など

　ここでは、前項で説明した手順で製造条件管理をする際の、工程ごとの重要
管理事項についてまとめます。

▶ 成形工程での適用

　成形工程の良品製造条件は、「計量」「射出圧」「射出速度」「保圧」「樹脂温
度」「金型温度」となります。「保圧」「金型温度」については常に監視してい
ることが多いですが、「計量」「射出圧」「射出速度」「樹脂温度」についてはノ
ズルの先端に近いため、プログラムで値を設定して制御するにとどまり、実測
値が計測できていないことがあります。

　そこで、外付けの圧力センサー、流量センサー、温度センサー、近接スイッ
チを用いることにより、連続して実測値を収集します。

▶ プレス工程での情報収集

　プレス工程の良品製造条件は「接触面圧力」「摩擦係数」となります。

　金型に圧力センサーをつけることで、連続して実測値を収集します。

▶ 熱鍛造・鋳造・熱処理工程における特徴

　熱鍛造工程の良品製造条件は「型圧」「金型温度」などです。一方、鋳造工
程の良品製造条件は「射出シリンダの速度」「射出シリンダの圧力」「ガス圧
力」「金型温度」「溶湯温度」「ガス流量」などとなります。また、熱処理工程
の良品製造条件は「熱処理温度」となります。ガスバーナーの場合は他に「ガ
ス流量」「燃焼」、電気炉の場合は「電流」となります。

　上記のポイントについては、機械メーカーがすでに設置しているセンサーか
ら情報の取得が可能です。

▶ 塗装工程での留意点

　塗装工程の良品製造条件は、「塗料の吐出量」「エアモーターの回転数」
「シェーピングエア流量」「塗装距離」「塗装速度（ロボットの動作速度、コン

成形工程の製造条件管理のポイント

製造条件：「計量」「射出圧」「射出速度」「保圧」「樹脂温度」「金型温度」
・「保圧」「金型温度」については常に監視していることが多い
・「計量」「射出圧」「射出速度」「樹脂温度」については外付けセンサーで収集必要
　　圧力センサー、流量センサー、温度センサー、近接スイッチ　など

熱鍛造工程、鋳造工程、熱処理工程の製造条件管理のポイント

熱鍛造工程の良品製造条件：「型圧」「金型温度」など
鋳造工程の良品製造条件：「射出シリンダの速度」「射出シリンダの圧力」
　　　　　　　　　　　　　「ガス圧力」「金型温度」「溶湯温度」「ガス流量」など
熱処理工程の良品製造条件：「熱処理温度」
　　・ガスバーナーの場合は他に「ガス流量」「燃焼」
　　・電気炉の場合は他に「電流」
上記のポイントについては、機械メーカーがすでに設置しているセンサーで取得可能

プレス工程の製造条件管理のポイント

製造条件：「接触面圧力」「摩擦係数」
・金型に圧力センサーをつけることにより収集必要

塗装工程の製造条件管理のポイント

製造条件：「塗料の吐出量」「エアモーターの回転数」「シェーピングエア流量」
　　　　　「塗装距離」「塗装速度（ロボットの動作速度、コンベア搬送速度）」
　　　　　「電圧」「ブース温度」「ブース湿度」など
・他に埃センサーを設置して埃の量の収集必要

切削工程の製造条件管理のポイント

製造条件：切削工具の「速度」「回転」
・品質に大きく影響するのは刃具の精度にある刃具の「使用回数」「使用時間」
　「刃先の圧力」を取るためには外付けセンサーで収集する必要がある

溶接工程の製造条件管理のポイント

製造条件：「電極加圧力」「溶接電流」「溶接通電時間」
・品質に大きく影響するのは溶接接地面の「温度」や
　溶接棒の「使用回数」「使用時間」となる外付けセンサーで収集する必要がある

ベア搬送速度）」「電圧」「ブース温度」「ブース湿度」などとなります。ただし、品質に大きく影響するのは埃がないことが一番です。前提条件として埃がない環境下をつくることとなっていますが、実際には埃は存在します。したがって、この量を検知して除去する必要があります。

　製造条件については、機械メーカーが保有している仕組みで情報の取得は可能です。それだけでなく、埃センサーを設置して見える化をする必要があります。塗装ブース内でセンサーを使用する際には、防爆仕様のタイプを必ず選ぶ必要があります。防爆仕様とは、爆発や火災が起きる可能性がある環境下で爆発を防ぐ構造のものを指します。

▶ 切削工程のチェックポイント

　切削工程の良品製造条件は切削工具の「速度」「回転」となります。ただし、品質に大きく影響するのは刃具の精度です。そこでは刃具の「使用回数」「使用時間」「刃先の圧力」などの情報収集が必要となります。

　これらの条件に対しては、機械メーカーが保有している仕組みで情報取得は可能です。刃具の「使用回数」「使用時間」「刃先の圧力」を取るためには、外付けセンサーで収集しなければなりません。

▶ 溶接工程での適用

　溶接工程の良品製造条件は「電極加圧力」「溶接電流」「溶接通電時間」となります。品質に大きく影響するのは、溶接接地面の「温度」や溶接棒の「使用回数」「使用時間」です。これらの条件に対しては、機械メーカーが保有している仕組みで情報取得は可能です。

　溶接接地面の「温度」や溶接棒の「使用回数」「使用時間」を取るためには、外付けセンサーによる収集が必要です。

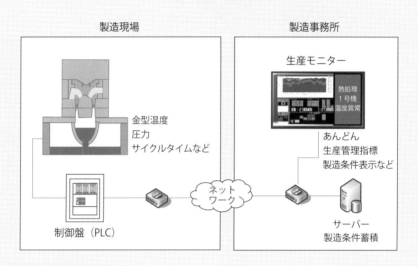

鋳造工程の例

製造現場

金型温度
圧力
サイクルタイムなど

制御盤（PLC）

ネットワーク

製造事務所

生産モニター

熱処理
1号機
温度異常

あんどん
生産管理指標
製造条件表示など

サーバー
製造条件蓄積

デジタルあんどん

生産モニター

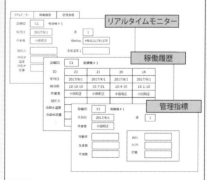

リアルタイムモニター

稼働履歴

管理指標

5.6 不良発生時の回収作業の迅速化(トレーサビリティ)

　ここでは、クレーム発生時の影響範囲の把握〜回収・再発防止に至る、一連の不良発生時におけるクレーム対応に関するポイントを説明します。

▶トレーサビリティはできているか?

　納品後にクレームが発生すると、品質保証部が要因解析と影響範囲の調査を行います。まずは同じ製造条件で製造したロットを、製品→半製品→部品→原材料の順で後工程から前工程にわたって調査します。

　一般的には、重要な工程の部材投入ロットと製品製造ロットの紐付けや、その際の検査結果はデータ入力して収集しています。ところが部材に問題が発覚した際、その部材を加工したときの原材料のロットや加工時の製造記録、検査記録が紙管理になっていて、事実上把握が困難な場合があります。

　特に素材加工の工程となると、原材料を投入した量や複数の原料を配合した量により、良品の良し悪しが変わってきます。前項でも説明したように、ここまでの製造記録は実測値で取れていないことが多く、後からその部分に問題が発覚しても類似の条件に合うロットを探すことが困難です。

　そのため、不良が発覚した前後の期間で製造したモノを回収したり、まだ不良が出るようであれば全品回収するという負の連鎖に陥ります。したがって、ロット紐付けや良品製造条件、生産結果の情報を一元管理する仕組みをつくることで、トレーサビリティの精度向上と迅速化を図ることができます。

▶良品製造条件の洗い出し

　前項でも説明したように、各工程での良品製造条件の項目を洗い出します。例えば鍛造工程では鍛造機械で加工を行い、製造条件は「温度」「型圧力」などの情報のことを表します。他に切削では「回転数」「振動数」、組立ではナットランナーの「締付トルク」と各工程、設備ごとの製造条件を洗い出します。

▶実測値収集の仕掛けを構築

　上記条件を設備の内蔵・外付けセンサーから収集する仕掛けをつくります。

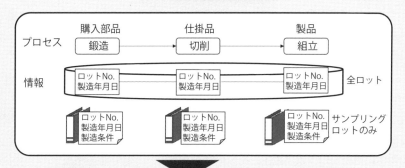

トレーサビリティの実態

製造条件は紙管理でサンプルロットのみの保管が多く、
影響範囲の把握が事実上困難になっている

トレーサビリティのポイント1

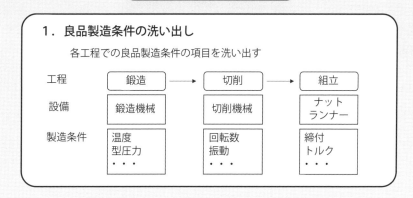

1．良品製造条件の洗い出し

各工程での良品製造条件の項目を洗い出す

他にも部材の投入ロットと製造ロットの紐付けを行います。

　一例を挙げると、製造条件の収集として鍛造機械において、温度は内蔵センサーからPLC経由で収集していたが、型圧力は外付けセンサーでIoTゲートウェイ経由で収集するというように、製造条件ごとに手段を確立します。そして、鍛造品のロット番号と切削で加工したロット番号の紐付けを行います。基本は、部材の受入日付や製造した加工品の製造日付で紐付ける例が一般的です。鍛造品が購入品の場合は、自社の受入日を仕入先に通知すれば、仕入先がそのロットで調査できるか事前にすり合わせておく必要があります。

▶ データを連続して収集

　2項の仕掛けをもとに製品／部材のロットの紐付けデータ、加工ロットの製造条件の実測値、検査結果（合否（手直しあり／なし））の情報を収集します。生産過程のエビデンス（4M）※を記録として残しておくことです。

　前項でも説明したように、特にMethod：作業方法における、製造条件（温度、圧力）やMaterial：材料における使用量の実測値が正確に把握できませんでした。昨今の市場クレームから見て、今、この部分の管理強化が求められているのです。そのため、一例として鍛造では、各ロットの加工段階の温度や型圧力の実測値をデータとして蓄積します。そうすることで後工程以降に、万が一問題が発覚した際にもすぐ影響範囲の確認につなげられます。ウレタンのような原料の配合が重要な工程については、複数の原料投入量の実測値を収集して確認することが大切です。

　そして最後に、ビッグデータ解析ツールで不具合発生の条件で類似情報を特定します。

（※）4M Man：作業者、Method：作業方法、Machine：設備、Material：材料のことで、大事なのは良品条件を確保する場所とタイミングで収集していることです。

2．実測値収集の仕掛けを構築

製造条件の項目ごとに収集手段を確立する

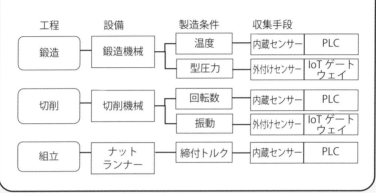

3．データを連続して収集

各工程毎の製造条件を収集する

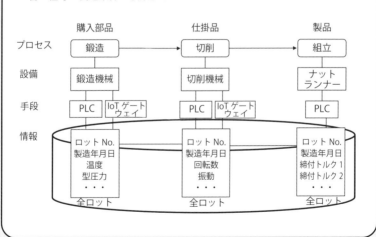

Column クラウドでセキュリティは確保される?

　サイバーテロが活発化する現状において、「クラウドサービスを利用してセキュリティは確保されるのか?」との課題に直面します。

　これについては、「Yes」とも「No」とも取れると私は思います。

　米国の大手クラウドサービスでは、セキュリティ大手の会社の人事情報を扱っています。そのセキュリティレベルは最高レベルと高く、自社でそこまでのセキュリティレベルを確保することは困難な環境が利用できます。

　それでは、工場のように刻一刻を争い、投資が限られる環境下でクラウドサービスにデータをアクセスしていて運用できるかと問われると、効果が出る業務に限定して利用するのがよいと考えます。

　サイバーテロを100%防ぐことは困難です。そのため、万が一ウィルスなどに感染して業務停止に陥った際に備えて、日頃からバックアップやリカバリーの運用リハーサルを夏季休暇、年末年始などに行っておくことが必要です。

　工場での情報活用においては、USBメモリーや外部PC接続による感染が多いです。そこで、「USBや外部PCは自社に接続しない」「接続する際はウィルスチェックソフトでチェックした上で接続する」を徹底すべきです。このようにすれば、クラウド環境利用のハードルも低くなるのではないでしょうか。

第6章

付加価値向上を
　追求する
（動作のムダ）

6.1 動作のムダは 十分にとれているか?

　本章では動作のムダ排除のために、設備可動率の向上や主作業時間の短縮に向けてIoTを活用するポイントを説明します。動作のムダについては、カイゼン活動に取り組む現場ではすでに経験済のところも多いでしょう。そのためすぐ改善できる箇所は少ないと判断し、本書では"乾いたぞうきんを絞るため"最後に説明しました。ここでは参考までに、人やロボットにおける動作改善手法についても触れます。

▶ 人中心作業による動作改善

　ここではラインにおける人中心の作業を分析し、改善点を探ります。動作改善の手順としては、以下の4ステップが考えられます。

　①機械の仕事を分けてCT、MT、MCTを分析し、人の作業効率を最大化するように要員を編成します。

　②タクトタイムに合った能力の配置をします。例えば次ページの図のように、ネック工程が26秒の場合はΣCT（人作業の合計値）、78秒の場合は最大3人配置となります。仕事量に応じてタクトタイムが40秒の場合は2人、80秒のときは1人配置となります。

　③設備と設備、作業と作業の間を短くしてCTを短くします。

　④主作業の改善をしてCTを短くします。例えば、4本の個袋を袋詰めする際に、4本の向きを揃えて入れやすい動作にするなどです。

　主作業の改善は1つの作業だけでなく、前後工程の流れを見ながら進めると大きな効果が期待できます。例えば前工程の機械で袋詰めを行い、向きが統一されたモノを外注工程で出した際、袋の向きがバラバラになるようなときは、場内外注で袋詰めするとCTは激減します。

▶ ロボットによる動作改善

　ロボットによる動作改善は次の点に着目して行います。

(1)余分な動きを減らす

　ロボットの動作をよく見て、ワークをつかんだり運んだり、対象物に近づく

人中心作業における動作カイゼン

1. CT、MT、MCTを分析し、人の作業効率を最大化するように要員の編成をする

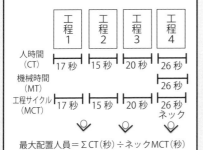

最大配置人員＝ΣCT（秒）÷ネックMCT（秒）
＝78÷26＝3人

2. タクトタイムに合った能力の配置をする

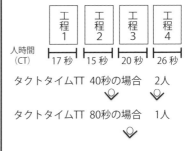

タクトタイムTT 40秒の場合　2人

タクトタイムTT 80秒の場合　1人

3. 設備と設備、作業と作業の間を短くしてCTを短くする

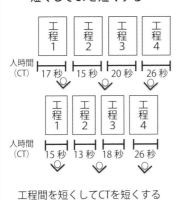

工程間を短くしてCTを短くする

4. 主作業の改善をして、CTを短くする

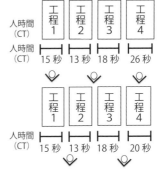

工程4の主作業をカイゼンしてCTを短くする

際に回り道して動作したりしていないか解析します。余分な動きがわかれば、そこを最短の動作で行うように変更します。

(2)ドウェルタイムに着目する

機械の動作には、ドウェルタイムと呼ばれる動作と動作の間に設ける停止時間があります。通常0.1〜2秒程度です。これがまったくないと問題ですが、通常は余裕を持って設定されていることが多いです。各動作間にこれがあるため、少しずつ縮めれば最大数十秒のCTが縮まります。

▶ 動作改善にIoTを活用する

CTが安定しない場合、なぜ安定しないか原因を追究するのが難しいとの声をよく聞きます。CTが長い場合、工程に○を書いて何時間も見て分析するのも手ですが、IoTツールの組合せでこれを解決することができます。

(1)人のIDカードにRFIDを設置

人が持つIDカードにRFIDをつけ、工程で作業をすることで無線の位置センサーから誰がどの作業を行っていたか把握します。

(2)作業時の条件を収集

ナットランナーの締付トルク値など、各作業工程で治工具を使用した際の製造条件の実測値を収集します。

(3)実測値の解析

各工程の作業や治工具の使用条件の実測値を次の観点で解析します。

　○作業工程のCTが作業者ごとにバラついていないか？
　○前後の作業工程でチョコ停がたびたび起こっていないか？
　○特定の作業者に偏っていないか？
　○治工具による異常がたびたび発生していないか？

(4)解析結果をもとにした動作改善

　○特定の作業者に偏っている場合は教育を行い、習熟度を上げる
　○特定作業で停止や治工具異常がある場合は作業自体を見直す

動作改善に IoT を活用するポイント

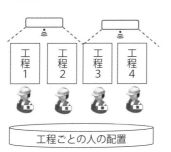

1. 人の ID カードに RFID を付けて作業を行う

工程1　工程2　工程3　工程4

工程ごとの人の配置

2. ナットランナーなどの締付トルク値を収集

工程1　工程2　工程3　工程4

ナットランナー　ナットランナー　ナットランナー

ナットランナーの締付トルク

3. 工程別の作業の分析

工程ごとの人の配置　　ナットランナーの締付トルク

○月度 工程	作業者	ナット締付エラー
工程1	担当者A	0回
工程1	担当者B	3回
工程2	担当者C	10回
工程2	担当者D	13回
工程3	担当者E	15回
工程3	担当者F	2回
工程4	担当者G	2回
工程4	担当者H	0回

4. カイゼンの実施

○月度 工程	作業者	ナット締付エラー
工程2	担当者C	10回
工程2	担当者D	13回

作業分析して作業方法をカイゼンする

○月度 工程	作業者	ナット締付エラー
工程3	担当者E	15回
工程3	担当者F	2回

教育訓練により担当者 E の習熟を上げる

6.2 予知保全の進め方

　設備可動率を向上するために、設備のチョコ停やドカ停を防止するポイントを説明します。

▶ 予知保全とは？

　今までの設備保全は定期的（年・月・日単位）に設備や金型の点検計画を立案し、その計画に基づいて点検して部品交換や清掃作業などの保全を行うことで、故障が起きてから対処する事後保全を防ぐ目的で予防保全を行ってきました。しかし、設備や金型の長期稼動により故障間隔が短くなり、管理点数が増えてきたことで、定期点検のタイムリーな実施が難しくなってきました。

　それに対し、各種センサー（温度や振動など）の低価格化に伴い、設備の摺動部や通電箇所にセンサーを設置することが手軽にできるようになってきました。

　こうした背景から、設備の振動や電流などの稼動中の情報を連続で収集し、通常稼働状態から変化が生じた際に異常をとらえて早めに対応することで、設備の故障防止に利用することができます。これを設備故障の予兆を把握することから予兆管理と言い、予兆管理を使用した保全方法を予知保全と呼んでいます。

▶ 予知保全の手順

　予知保全を行う手順について説明します。

(1)センサーの設置

　故障を検知したいポイントにセンサーを設置します。設備保全の観点から、あらかじめセンサーがついていないことが多いようです。

(2)センサーによる連続情報収集

　センサーからPLC、IoTゲートウェイを使って情報を連続収集します。

(3)解析ソフトを使用して異常値を把握

　センサーからの閾値を超える値を検知したり、過去に故障が発生した波形を検知したりした際に、現場や管理事務所のモニターに通知します。異常を検知

予防保全と予知保全

予防保全

定期的（年・月・日単位）に設備や金型の点検計画を立案し、その計画に基づいて部品交換や清掃作業等の保全を行うことで故障発生を防止

設備や金型の管理点数が増えているため、定期点検をタイムリーに行うことが難しい

予知保全

設備の振動や電流などの稼動中の情報を連続で収集
通常稼働の状態との変化が発生した際に、異常をとらえて早めに対応することで、設備の故障を防ぐ

設備故障の予兆を把握することから予兆管理と言い、予兆管理を使用した保全方法を予知保全と呼ぶ

予知保全の手順1～2

1. 各工程の設備にセンサーを設置

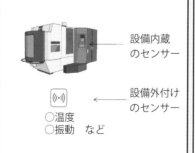

設備内蔵のセンサー

設備外付けのセンサー

○温度
○振動　など

2. センサーからデータを収集

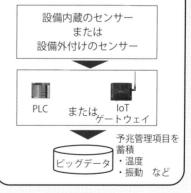

設備内蔵のセンサー
または
設備外付けのセンサー

PLC　または　IoT
ゲートウェイ

予兆管理項目を蓄積
・温度
・振動　など

ビッグデータ

して、すぐ対処するか定時稼働時間後、または休日に設備を止めて対処するかの判断を行い、対処します。

⑷記録を解析し再発防止策を検討

　記録した情報をもとに定期点検時期、点検条件、点検箇所の見直しなどを行い、再発防止につなげます。

▶ センサーを設置するポイント

　それでは、どのような箇所にセンサーを設置するかを説明します。できるだけ多くの情報を収集したいとのニーズがありますが、次の観点で管理するポイントを絞る必要があります。

　　○故障の際に予備品がなく長期停止になる

　　○停止した原因を把握するのに時間がかかる

　　○故障すると製品の品質に影響が出る

　次にどのセンサーを使用するかについて説明します。

　回転数や動作時間を見るには、近接センサーや磁気センサーのON・OFF信号を取得してカウントしたり、間隔の時間を算出したりすることで把握します。

　振動を見るには振動計や加速度センサーで把握します。振動計の場合は見たい箇所の振動だけでなく、周りの振動を拾う場合があり精度に影響が出るため、その点に注意して利用する必要があります。高機能なセンサーは金額が高くなる分、余分な振動を拾わないような工夫がなされています。

　加速度センサーは振動を周波数で把握します。波形を見ていき、波形が乱れた箇所を特定することになります。

　電気配線の断線は、見たいポイントに電流センサーをつけることになります。古い設備の場合は難しいですが、新しい設備の中には電気配線の経路と、そのときの状態「正常」「電圧低下」「I/O断線」などを把握できるものがあります。

予知保全の手順３〜４

３．設備故障の予兆を検知

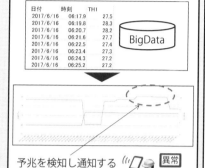

日付	時刻	TH1
2017/6/16	06:17.9	27.5
2017/6/16	06:19.8	28.3
2017/6/16	06:20.7	28.2
2017/6/16	06:21.6	27.7
2017/6/16	06:22.5	27.4
2017/6/16	06:23.4	27.3
2017/6/16	06:24.3	27.2
2017/6/16	06:25.2	27.2

BigData

予兆を検知し通知する 異常

４．設備保全の実施

設備を停止して、
部品交換を実施

センサー設置の要点

予兆管理の項目について

・故障の際に予備品がなく長期停止になる

・停止した原因を把握するのに時間がかかる

・故障すると製品の品質に影響が出る

物理量	センサー	
温度	○熱電対 ○RTD ○サーモグラフィ	○サーミスタ ○IC センサー
光	○真空管光検出器	○光導電セル
音	○マイクロフォン	
力、圧力、振動	○ひずみゲージ ○加速度センサー	○ロードセル ○AE センサー
位置（変位）	○近接センサー ○ポテンショメーター ○線形可変差動変圧器（LVDT）	○ロータリー可変差動変圧器（RVDT） ○レゾルバ（回転変圧器） ○光学エンコーダー
流量	○ヘッドメーター ○回転流量計	○超音波流量計

6.3 各設備で予知保全を行う

　各設備での予知保全を行うために、故障を検知する箇所とセンサーについて解説を加えます。

▶ 機械加工工程の特徴

〈成形工程、切削工程〉

　○ベアリングの故障

　○モーター軸受の回転数、振動とポンプ軸受の圧力、振動

　この工程では、常に摺動して大きな負荷がかかるベアリングがたびたび故障します。基本は振動値を見ますが、振動だけではわかりにくく、他の項目で劣化していることをあわせて確認します。

〈プレス工程、熱鍛造工程〉

　○金型のショット数、金型の圧力など

　金型ごとにショット数を把握します。多品種少量品の工程となると、人数が150人程度にもかかわらず金型管理点数は量産用で300面、サービス用も含めると1,000面程度になります。タレットパンチプレスなどでは、取り付けられた金型ごとに耐久性が違うため、個々の管理が必要です。このとき、金型の圧力も確認することでメンテナンス精度が高められます。

〈鋳造工程〉

　○射出性能：射出速度・鋳造圧力

　○油圧特性：流量・圧力

　品質管理を行う上で温度条件はすでに細かく収集しており、射出の動作に異常がないか、圧力が低下しないかを確認することが重要です。鋳造については、中子と呼ばれるワークの内側に入れる鋳型を、鋳造の前工程で造形します。最近は環境に優しい砂を加工する無機のタイプが主流になっています。そのため、鋳造工程だけでなく中子造形、溶解炉、鋳造、仕上げの一連の設備が停止しないように管理する必要があります。

成形工程の予知保全のポイント

○ベアリングの故障
○モーター軸受の回転数、振動
○ポンプ軸受の圧力、振動

プレス工程、熱鍛造工程のポイント

○金型のショット数
○金型の圧力　　など

鋳造工程の予知保全のポイント

○射出性能：
　　射出速度・鋳造圧力
○油圧特性：
　　流量・圧力

熱処理工程のポイント

○炉の稼動時間
○ガスバーナーの温度
○炎の色
○電流　　など

塗装工程の予知保全のポイント

塗装ブースで埃を防止する仕組みの検討が重要

特にフィルターが詰まると安全面に問題が出る

流量センサーで風量を検知してフィルターの目詰まり判定を行う

設備全般

製造現場で古い設備で一番頭を悩ませるのが断線による故障

最新の設備は電気配線の経路とそのときの状態

「正常」「電圧低下」「I/O 断線」などを把握可能

モーター、ヒーター、制御計の電流値

▶ 後加工工程の場合

〈熱処理工程〉

　○炉の稼動時間、ガスバーナーの温度、電流など

　高温環境下で連続使用を行う工程となるため、基本はどの程度稼働したかで判断します。このほか、ガスバーナーの温度や電気炉の場合はヒーターの電流値を管理します。

　高温環境下での温度測定には「サーモビューア」「熱電対」を使用したり、圧力測定には「ロードセル」を使用したりします。高温環境下で製造を行うため、設備故障が不良の発生に直接響きますのでメンテナンスは非常に重要です。

〈塗装工程〉

　塗装工程は塗装設備の保全も必要ですが、塗装ブースで埃を防止する仕組みもあわせて検討すべきです。特にフィルターが詰まると安全面に問題が出るため、流量センサーで風量を検知してフィルターの目詰まり判定を行います。

▶ 設備全般のポイント

　製造現場の古い設備で一番頭を悩ませるのが、断線による故障です。古い設備の場合、皮膜が硬化して線が切れてしまうのですが、どこで断線が起きているかわかりにくい構造をしています。

　最新の設備については、電気配線の経路とそのときの状態「正常」「電圧低下」「I/O断線」など把握可能なものがあります。一般的には、モーターやヒーター、制御計など重要な箇所の電流値を把握します。

　予知保全を行うために、設備にセンサーを設置して収集する項目は、品質保証を行う際の製造条件の収集項目と同じ場合もあります。予知保全のために投資しても新規設備ではいきなり故障することは少なく、投資対効果が見えないという指摘もよくなされます。したがって、予知保全と品質強化の両方の目的で、製造条件の収集をあわせて取り組んでいただくと効果を得やすいようです。

熱処理工程の例

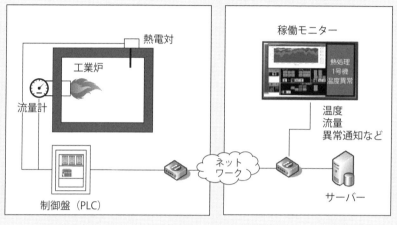

製造現場

保全事務所または機械メーカー

熱電対

工業炉

稼働モニター

熱処理
1号機
温度異常

流量計

温度
流量
異常通知など

ネット
ワーク

制御盤（PLC）

サーバー

収集情報

稼働状況

運転時間、温度、流量など

異常警報

温度異常、圧力異常など

熟練者確認項目

天気、曜日など

モニタリング画面構成

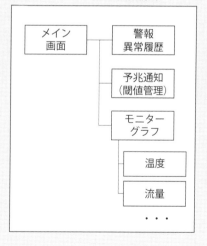

メイン
画面

警報
異常履歴

予兆通知
（閾値管理）

モニター
グラフ

温度

流量

・・・

6.4 | AIやロボットで将来はどう変わる?

　解析手法についてはすでに多くの文献が出ていますので、ここでは簡単にその違いについて説明します。定義としてはAI＞機械学習＞ディープラーニングとなります。

▶ AI、機械学習とディープラーニングがもたらす価値

　これらを活用することにより、前項で紹介した現場から収集したビッグデータから「定量的な傾向」を見たり、OKかNGかの「判断」や閾値を超えた際の「異常検知」をしたりすることができます。このほか、NGや異常の際に何が原因かの「原因特定」することや、解決に向けてどう「意思決定」したらよいかのヒントや答えを与えてくれるものです。

　例えば、振動値が大きくなり温度が上昇してきたら、ギヤの噛合せに問題が起きていることを察知し、いったん止めて噛合せの調整をしたり部品交換したりすることを、これまで熟練工が「状況把握」「原因特定」「意思決定」してきていました。これを機械学習により「温度」と「振動値」の相関を見て異常検知し、AIにより「ギヤの噛合せ」「部品交換」に関する原因特定と意思決定の助言が受けられるようになります。

　設備保全業務は、熟練工のノウハウを若手に技能伝承したいとの意向があります。工程内のロボット化は今後も拡大していきますが、熟練工の暗黙知を形式知に置き換える、ソフトウェアのロボット化も期待されています。ロボットに暗黙知をインプットすると多言語（日本語、英語、中国語など）で対応してくれたり、何度も同じことを聞いても嫌な顔ひとつせず（表情自体がない？）親切に答えてくれたりします。熟練工のノウハウをロボットにインプットすることで、バイリンガルでフレンドリーなロボ熟練工が育てられる、と私は将来の製造現場での応用に期待しています。熟練工や熟練管理者のノウハウを形式知化することは、技術伝承や人材不足という問題の解決につながるはずです。

▶ AIは人間を超えられるか?

　AIやロボットが進化していくと、SF映画の世界のようなロボットが人間を

AI、機械学習、ディープラーニングのもたらす価値

定義としては AI＞機械学習＞ディープラーニングとなる

もたらす価値
・現場から収集したビッグデータから「定量的な傾向」を把握
・OK・NG の「判断」や閾値を超えた際の「異常検知」と「通知」
・NG や異常の際に何が原因かの「原因特定」や、
　解決のためにどう「意思決定」したらよいか
　ヒントや答えを与えてくれる

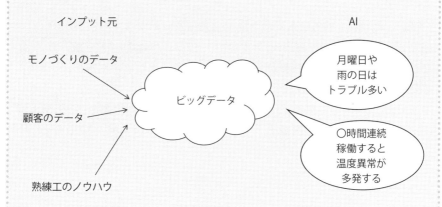

インプット元　　　　　　　　　　　　　　　　　　　　　　AI

モノづくりのデータ

ビッグデータ

月曜日や
雨の日は
トラブル多い

顧客のデータ

○時間連続
稼働すると
温度異常が
多発する

熟練工のノウハウ

支配する、あるいは人間を超える存在になると懸念されています。またAIの活用例として今、注目の技術に「自動運転」があります。車の運転は、不慣れな人間のドライバーよりも十分に安全な運転が可能という検証結果をよく耳にします。

それでは、飛行機の自動運転はどうでしょうか。運転技術者もかなり厳しい条件を突破した人でなければ操縦できませんし、それでも墜落する事故はゼロにはならないでしょう。墜落事故は即致命傷につながるため、自動運転にすべて任せるというわけにいかないのは当然です。

航空機業界では次の考え方を基本としています。

①自動運転が主。人は従→人が自動運転を監視する

②人が正。自動運転は従→自動運転は人のアシスト

どちらも、人と自動運転を相互利用するというような考え方になります。したがって、人の仕事がすぐになくなるのではなく、あくまで軽減されるという考え方に則っています。

ここからは私見ですが、将来的にAIは人の動きや判断を進化させることになるのではないか、と考えています。製造現場にも、今まで実現できなかった複雑な形状や高集積な機構品の製造が可能になり、熟練管理者が集中制御室で全世界の工場のモノづくりをコントロールするようなことが実現すると想定されます。

しかし、AIにも弱点はあります。AIは情報を収集することでモノを知ることはできますが、情報が取れない環境ではAI自らが情報を取りに行くことはできません。そのため、情報が取れないことによる異常事態の発生を考慮する必要があるかもしれません。これに対して、現場に行って確認して対処するという3現主義（現地、現物、現実）の思想や文化は、今後も大切にされ残り続けます。これが、日本が誇るモノづくりの強さの源泉ではないでしょうか。

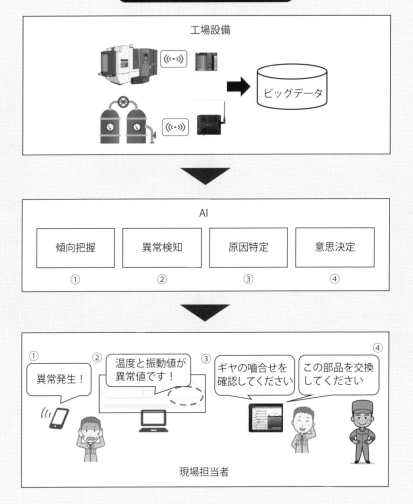

Column 工程の状況って意外と見えないんです

　製造現場に行くと、設備の前で作業者がワークと呼ばれるモノをセットしたり、取り出したりしています。よく見ると設備の上には異常表示の信号機が取り付けられていますが、個々の設備の生産状況や稼働状況の表示はなされていないことが多いのです。

　「見える化工場」と呼ばれる最新の工場も、入口や事務所内にはすべての設備の稼働状況を表示するモニター（あんどん）はありますが、現場に行くと途端にわからなくなります。異常表示の信号機は設備の上についており、その設備の前に行くとわかりますが、少し離れると陰に隠れ、設備の加工の音で異常音が聞き取れないことも少なからずあります。したがって、工程作業者は前後の工程で異常が起こっていてもわからないのです。

　今後は熟練工を育成するのにかける時間が確保できないことで、異常の際には工程間で連携する必要があるという熟練管理者の方の話を聞いたことがあります。そうなると、工場の入口や事務所に大きなあんどんをつけるだけでなく、各工程で生産状況がわかり、工場内を歩いていても携帯端末で状況がわかる必要があると言います。異常の際に、工程間の連携を今まで以上に円滑にする現場づくりを進めることで、チームプレーで次世代の現場力を維持することが今後の現場運営のトレンドと見ています。

う〜む

7つのムダ排除の
総仕上げ

7.1 | 7つのムダ排除のあるべき姿についてまとめる

　製造現場では、「海外展開の推進」「国内労働力の減少」「コスト競争力の強化」の中、短期間に品質基準を充足する生産体制の構築と拡大が求められています。そうした要求の中で、「各国の顧客嗜好に合わせた仕様の増大」や「打ち切り期間の延長」により多品種少量化が拡大しています。

　一方、海外展開を推進するには多国籍の人材を活用することが必須になりますが、そのための教育に当てる時間も限られます。従来の人間力に頼った業務改善手法としての「後補充」「自働化」「ポカヨケ」などでは、現場改善活動が進まなくなってきています。

　そのため、最新技術による便利な道具を活用し、短期間の人材教育で生産できるように現場のモノづくりをレベルアップする必要があると感じます。

　本書では、現場改善活動に対しIoTの最新技術を活用することで、7つのムダ排除の観点から具体的な対処方法を解説していきました。

　まず、在庫を削減する目的で「つくりすぎのムダ」「在庫のムダ」の排除に取り組みます。RFIDおよび電子ペーパーの活用や、制御システムと生産管理システムを融合する方法について説明しました。この部分のムダはどの現場でも改善の余地が大きく見込めるため、ここに注力するだけでも大きな効果が得られると考えています。

　次に生産性・可動率を上げる目的で、「運搬・手待ちのムダ」の排除に取り組みます。RFIDや位置センサー、3Dスキャナーなどの活用方法を紹介しました。ここも、手つかずになっている現場は多いようです。その後、品質向上＋品質強化の目的で「不良・加工そのもののムダ」排除に取り組みます。ここではカメラやレーザー光の検査工程の活用や、機械にセンサーをつけて良品製造条件を収集し、品質強化やトレーサビリティにつなげる説明をしました。

　この部分はどの製造業も従来から力を入れて取り組んでおり、人手に頼りITやIoTの活用が進まなかったことで十分管理できていなかった部分です。ここの仕組みが機能している製造業は、他社と比べて圧倒的な差別化が図れると見ています。

　最後に付加価値向上を追求する目的で「動作のムダ」排除に取り組みます。

製造現場の課題

　従来の人間力に頼った業務改善手法としての「後補充」「自働化」「ポカヨケ」などでは現場改善活動が進まなくなってきている

▼

IoT の最新技術による便利な道具を活用し、短期間の人材教育で生産ができるように現場のモノづくりをレベルアップし７つのムダを排除

1. デジタルからくり
2. データ解析と対処ナビ
3. 設備のインテリジェント化

ムダ排除の手順

1. 在庫を削減する　　　　　「つくりすぎのムダ」「在庫のムダ」の排除
2. 生産性、可動率を上げる　「運搬のムダ」「手待ちのムダ」の排除
3. 品質向上＋品質強化　　　「不良のムダ」「加工そのもののムダ」の排除
4. 付加価値向上を追求する　「動作のムダ」の排除

７つのムダ排除の目指す姿

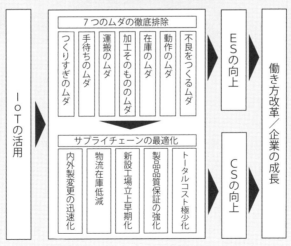

ES：従業員満足「Employee Satisfaction」　CS：顧客満足「Customer Satisfaction」

	ムダ	説明	改善項目	生産指標	
1	つくりすぎのムダ	その時点で必要のないものを余分につくること	売りと連動した短いリードタイムで生産する実力の確保	稼働率 在庫日数	
2	手待ちのムダ	前工程からの部品や材料を待って仕事ができないこと	人の手待ちの排除	可動率 停止時間、回数 仕掛在庫日数	
3	運搬のムダ	モノの必要以上の移動、仮置き、積み替えなどのこと	レイアウトや作業のやり方を見直す	生産性	
4	加工そのもののムダ	従来からのやり方の継続といって、本当に必要かどうか検討せず、本来必要のない工程や作業を行うこと	作業内容の見直し 工程設計の適正化 治具の改善・自働化	生産性	
5	在庫のムダ	完成品、部品、材料が倉庫などに保管され、すぐに使用されていないこと	在庫削減	在庫日数	
6	動作のムダ	探す、しゃがむ、持ち替える、調べるなど不要な動きのこと	可動率100% 稼働率は必ずしも100%でなくてよい 人の手待ちを排除	生産性 稼働率 可動率	
7	不良をつくるムダ	不良品を廃棄、手直し、つくり直しすること	不良そのものをつくらないラインの構築	不良率 直行率	

センサーや機械学習による予知保全や、AI技術およびロボット技術が進化したことによる活用方法を説明しました。老朽化した設備はいずれ更新され、更新すれば設備の故障は当面少なくなります。しかし、熟練管理者が減っていくことを考慮すると、更新した設備の保全をしっかり継続できる体制を構築することは必須です。そのような意味で投資対効果が得られにくいですが、予知保全を行う仕掛けは非常に大事です。

　本書を解説する上で、次の点について考慮してきました。

　①本書ではIoT活用による「デジタルからくり」「データ解析と対処ナビ」
　　「設備のインテリジェント化」という最新技術を取り入れる

従来の業務改善手法	IoT活用方法	デジタルからくり	データ解析と対処ナビ	設備のインテリジェント化	IoT活用によるムダ排除の狙い
・後補充　・1個流し ・シングル段取り化 ・設備のコンパクト化	デジタルかんばんシステム ・設備順序計画の自動立案 ・タブレットでの引き取り作業 ・リライトかんばんの活用	〇			・設備負荷計画とかんばん枚数計算の連動 ・かんばん紛失管理の防止
・1人屋台生産 ・ポカヨケ ・自働化　・平準化	・小物部品デジタルピッキングによるポカヨケ	〇			・外段取りの省人化と誤組付防止
・U字型設備配置 ・流れ作業　・立ち作業 ・多能工化　・水すまし	・位置情報センサーを活用した動線分析（人＋フォークリフト）		〇		・水すまし動線最適化
・工程設計の最適化 ・作業内容の見直し ・治具の改善と自動化 ・標準作業の徹底 ・VE/VAの推進	・日報データベースと人作業不具合データ解析		〇		・改善施策検討時間の短縮（作業改善、作業教育の実施）
・パラダイムシフト ・U字型設備配置 ・平準化生産 ・シングル段取り ・生産の整流化　・後補充	・RFIDと無線位置センサーによるリアルタイム在庫把握	〇			・完成・仕掛・部品在庫のバラツキ検証による適正在庫把握 ・棚卸作業の軽減
・流れ生産への組み込み ・動作改善原則の徹底	・設備保全管理 ・タブレット、センサーによる設備故障予兆管理 ・AIによる故障原因のナビゲーション		〇	〇	可動率向上
・自働化　・ポカヨケ ・標準作業　・全数検査 ・工程で品質をつくり込む	・画像検査システム ・機械学習による製造条件と不良分析による不良予測		〇	〇	・検査精度向上による省人化（ダブルチェック防止） ・抜き取り検査→全品検査への移行 ・不良発生防止

③本書はムダの排除を行う一方で「品質向上＋品質保証強化」を考慮する

③既存工場での生産活動に活用でき、新設工場／ライン追加、海外拠点にも横展開していける

　IoTを活用することにより、「現場作業者は生産活動により専念できる」「品質保証プロセスが強化される」「現場改善の勘所が即座につかめる」などから「7つのムダの徹底排除」につながり、その流れを「工程」→「工場」→「企業」→「仕入先および顧客」に拡大することで「サプライチェーンの最適化」が図れるはずです。そして、顧客満足度や社員満足度が向上し、働き方改革や企業の成長につながることが本書の目指す姿となります。

コンサル活動の日々

　私は、製造業にITで業務改善をする仕事を25年以上続けています。今でもスーツ姿でITの専門家とかコンサルと紹介されると、たいてい現場の方の顔が曇ります。「製品のモノづくりを理解されているのですか？」と、ほとんどと言っていいほど質問されます。ひどいときにはヒアリングで、「御社の課題は何ですか？」と聞くと、「特にないですよ…」とぶっきらぼうに返される有り様です。

　そのため、私は常に次のように話を始めます。「御社は○○という製品をつくっておられるので、○○工程がネックですね。特にこの工程の管理のポイントは○○となりますね。このような問題は日頃起きていませんか？　私は他社でこの問題に対し、こう取り組んで課題解決を図りました。もう少し具体的に、現状の業務のやり方や課題について教えていただけませんか？」

　ここまで説明するとようやく相手の態度が好転し、現状業務の困り事について話し始めます。それをまとめて解決策の提案書を持っていくと、初めて現場を見せてくださいます。そのような形で対話を繰り返すと現場の課題が見える化され、解決の糸口を共有できるようになります。課題解決ができると、現場の方が本当に明るくなります。その笑顔を見るとこの仕事を続けてきて本当によかったと感じ、モチベーションの原動力となります。

　今は若者のモノづくり離れが拡大しているようです。何とかこの感動を若い人たちにも知っていただき、製造業を盛り上げる一助になりたいと切に願います。

索 引

〈著者紹介〉

山田 浩貢（やまだ ひろつぐ）

1969年名古屋市生まれ。91年愛知教育大学総合理学部数理科学科卒業後、株式
会社NTTデータ東海入社。製造業向けERPパッケージの開発・導入および製造
業のグローバルSCM、生産管理、BOM統合、原価企画、原価管理のシステム構
築をPM、開発リーダーとして従事する。
2013年株式会社アムイを設立。トヨタ流の改善技術をもとにIT/IoTのコンサ
ルタントとして業務診断、業務標準の作成、IT/IoT活用のシステム企画構想立案、
開発、導入を推進している。

本書に関するお問合せ、コンサルティングに関するご相談は下記にご連絡ください。

e-mail：info@amuy.jp

「7つのムダ」排除 次なる一手
IoTを上手に使ってカイゼン指南　　　　　　　　　　　NDC509.6

2017年10月20日　初版1刷発行　　　　　　定価はカバーに表示されております。

Ⓒ著　者　山　田　浩　貢
発行者　井　水　治　博
発行所　日　刊　工　業　新　聞　社
〒103-8548　東京都中央区日本橋小網町14-1
電話　書籍編集部　03-5644-7490
　　　販売・管理部　03-5644-7410
　　　FAX　　　　　03-5644-7400
振替口座　00190-2-186076
URL　http://pub.nikkan.co.jp/
email　info@media.nikkan.co.jp

印刷・製本　新日本印刷

落丁・乱丁本はお取り替えいたします。　　　　2017　Printed in Japan
ISBN 978-4-526-07757-9　C3034

本書の無断複写は、著作権法上の例外を除き、禁じられています。

金を掛けずに知恵を出す
からくり改善
事例集
Part3

公益社団法人
日本プラントメンテナンス協会　編
定価（本体 2,300 円＋税）
ISBN978-4-526-07748-7

2009 年の発売以来、現場の支持を集め続けてきた"元祖"「からくり改善事例集」。2014 年発行の Part2 に続く最新刊。モノづくりをラクに楽しく変えていく至高のからくりアイデアが満載。改善ヒントがすぐひらめく！

〈掲載事例〉
設定時間になるとドアが閉まる／重ねた紙の 1 枚取り出しに粘着ローラーを利用／異種パーツの自動表裏判別／クラッチワークの持ち上げ、反転作業を廃止／空箱を 2 段に積んで返却する作業を軽減／仮想支点で空箱をスムーズに返却／次の部品が回転して治具にセットされる組付治具／作業者の指に負担がかからないブレード挿入装置／ストリッパー（被覆はがし）の機構を利用したホース外しの容易化／ワンタッチ継手（空圧用）の接続・脱着作業を容易にする工具／風力を利用した回転式エアーガンノズル／90°横移動＋取っ手も左右移動する手押し台車／マグネットを利用して点検扉をワンタッチロック／固定しなくても地震で倒れない格納棚／1 斗缶から 1 斗缶への塗料移し替え作業の改善／フォークリフトのチルト角度調整を一発化など全 86 事例。

●日刊工業新聞社の好評書籍●

エンジニアリング・チェーン・マネジメント

IoTで設計開発革新

日野三十四 著

定価(本体2,400円+税)　ISBN978-4-526-07736-4

SCMを最大限機能させるため、上流のエンジニアリング・チェーン・マネジメント・システム（ECSs）を整備し、「売れる製品の図面を、最少資源で、最短で」アウトプットするシステムを構築する方法を唱える。テンプレートを中心に展開する図解本とし、各社の製品仕様情報を雛形に流し込めばECMsができ上がるように構成。グローバル大競争時代を日本企業が勝ち切る処方箋を示す。

やりたくなる5S新書

中崎 勝 著

定価(本体2,000円+税)　ISBN978-4-526-07521-6

「すぐ効果が出る」「活動が定着しやすい」「どこでも適用できる普遍性」＝やりたくなる5S活動の進め方を、定型でわかりやすく図解。職場スタッフの心情を慮った教え方・管理の仕方と同時に、自らで構築できるIoTテクノロジーを用いた仕組み化法を紹介。新しい5S活動推進の切り口を体得することで、やる気になる・元気になる現場づくりを実現するリーダー必読の書とする。

誰も教えてくれない「工場の損益管理」の疑問

そのカイゼン活動で儲けが出ていますか?

本間峰一 著

定価(本体1,800円+税)　ISBN978-4-526-07549-0

工場が改善活動や原価管理をいくら徹底しても会社全体としては儲からず、給与が増えないのはなぜか。棚卸や配賦、償却など工場関係者が日常ほとんど使わない会計の最低限の知識を噛み砕いて伝え、企業トータルで儲けが出る工場の損益管理の方法を指南する。経理部門とのやりとりをはじめ、製造直接/間接部門の管理職が身につけておきたい損益管理の疑問に答える。

日刊工業新聞社の売行良好書

今日からモノ知りシリーズ
トコトンやさしいアミノ酸の本
味の素株式会社　編著
A5 判　160 ページ　定価：本体 1,500 円＋税

今日からモノ知りシリーズ
トコトンやさしい高分子の本
扇澤敏明、柿本雅明、鞠谷雄士、塩谷正俊　著
A5 判　160 ページ　定価：本体 1,500 円＋税

今日からモノ知りシリーズ
トコトンやさしい発酵の本 第 2 版
協和発酵バイオ株式会社　編
A5 判　160 ページ　定価：本体 1,500 円＋税

おもしろサイエンス
血圧の科学
毛利　博　著
A5 判　144 ページ　定価：本体 1,600 円＋税

おもしろサイエンス
繊維の科学
日本繊維技術士センター　編
A5 判　160 ページ　定価：本体 1,600 円＋税

「酸素が見える！」楽しい理科授業
酸素センサ活用教本
髙橋三男　著
A5 判　160 ページ　定価：本体 1,800 円＋税

大人が読みたいエジソンの話
発明王にはネタ本があった !?
石川憲二　著
四六判　144 ページ　定価：本体 1,200 円＋税

日刊工業新聞社出版局販売・管理部
〒103-8548　東京都中央区日本橋小網町14-1
☎03-5644-7410　FAX 03-5644-7400